广东省普通高校特色创新类项目(2021WTSCX090)、广东省哲学
(GD17CXL03)的阶段性成果
广东省普通高校人文社会科学重点研究基地"区域教育高质量发展与评价研究院"、广东省
社会科学研究基地"惠州学院粤港澳大湾区教育高质量发展研究中心"、惠州学院区域教育
发展与评价研究院系列研究成果之一
惠州学院学术出版专项资助

认知神经科学视角下的有效学习与记忆

赵敏芳　著

中国矿业大学出版社

·徐州·

图书在版编目（ＣＩＰ）数据

认知神经科学视角下的有效学习与记忆 / 赵敏芳著
. —徐州：中国矿业大学出版社，2022.11
ISBN 978 - 7 - 5646 - 5598 - 3

Ⅰ. ①认… Ⅱ. ①赵… Ⅲ. ①学习方法②记忆术
Ⅳ. ①G791②B842.3

中国版本图书馆 CIP 数据核字（2022）第 205421 号

书　　名	认知神经科学视角下的有效学习与记忆
著　　者	赵敏芳
责任编辑	赵　雪　徐　玮
出版发行	中国矿业大学出版社有限责任公司
	（江苏省徐州市解放南路　邮编 221008）
营销热线	（0516)83885370　83884103
出版服务	（0516)83995789　83884920
网　　址	http://www.cumtp.com　**E-mail**：cumtpvip@cumtp.com
印　　刷	湖南省众鑫印务有限公司
开　　本	710 mm×1000 mm　1/16　**印张** 11.5　**字数** 213 千字
版次印次	2022 年 11 月第 1 版　2022 年 11 月第 1 次印刷
定　　价	69.00 元

（图书出现印装质量问题，本社负责调换）

前　言

　　在信息万变的时代,人们要如何适应时代的变化,高效地学习与记忆各种新知识或技能? 本书以此为出发点,结合认知神经科学与心理学的前沿研究,从通俗易懂的角度讲解学习与记忆的原理,生动呈现人类脑机制的同时,向广大读者传授如何高效学习与记忆的方法。本书中的学习是广义的学习,不限于学校里的学习,因而本书所涉及的内容可以广泛地应用于日常生活各类情境当中,为广大读者日常高效地学习与工作提供科学的指导。

　　本书共八章,每一章都围绕着高效学习与记忆的不同方面而展开。第一章讲解学习与记忆的机制、原理、分类等,追根溯源地探寻大脑运行规则的秘密。第二章阐述促进学习的生理机制与脑的终生发展,介绍学习障碍和不同类型的学习使读者了解学习背后复杂且多样的过程。第三章主要介绍记忆与遗忘的科学规律及其生活应用。第四章阐述注意力产生的大脑机制和提高专注力的方法使读者进行高效学习。第五章主要介绍高效的学习策略,进一步从学习者、家长和教师的不同角度提出相应的支持学习的策略和方法。第六章主要介绍常见的记忆术,以帮助读者另辟蹊径寻找快速记忆的方法。第七章阐述压力的生理机制,并进一步从学生的角度介绍生理压力和心理压力的表现,常见的压力来源,最后总结了应对压力的实用策略。第八章主要呈现与学习与记忆有关的各种生活因素,进而指导读者科学地在日常生活中提升学习与记忆的能力。

　　本书基于目前的科学发现进行写作,在有限的时间内,尽可能综合了来自心理学、脑科学或认知神经科学等领域关于学习记忆的研究成果,以期利用具有科学依据的知识帮助人们在当下生活中进行高效的学习与记忆。学习时间的长短并不能代表效率如何,合理、有效地把握科学的学习方法,才是提高效率的有效办法。"去日不可追,来日犹可期"。从现在开始,无论是学习还是工作,若能够开启高效的模式,相信人们将有更美好的未来。如果阅读本书能够让读者在日后的工作和学习中受益,帮助大家挖掘学习与记忆的潜能,我们将深感荣幸。科学是不断证伪的过程。因此,书中所呈现的科学研究发现与观点也许在多年后被证明是错误的。因此,在阅读本书的过程中,请读者保持开放、批判的态度对待一些观点。由于时间和能力有限,文中定有疏漏,还望读者谅解和批评指正。

赵敏芳

2022 年 9 月 20 日

目　　录

第一章　追根溯源：学习与记忆的脑机制

　　1953 年，27 岁的亨利·古斯塔夫·莫莱森（Henry Gustav Molaison）患上了严重癫痫。医生怀疑病因主要在于他的大脑内侧颞叶及其周围区域，包括大脑中心深处的海马区。于是，医生决定切除该部分区域。这一做法在 20 世纪中期是非常常见的做法。这一神经外科切除手术似乎有效地控制了亨利的癫痫，病情发作的次数明显减少。但是，医生很快发现，手术后亨利出现了严重的记忆问题。手术前两年的事情他大部分都记不得了，只记得一部分 11 年前的事情。虽然短时记忆能力（在几秒或 1 分钟内保留信息的能力）基本保留，却再也无法形成新的长时记忆。这意味着，亨利的记忆从手术之后就再也没有更新了，术后遇见的人与事物对他来说永远是新鲜的，因为他仅能保持很短的记忆；也就是说，塑造人类"灵魂"的记忆停留在了他的 27 岁。当时的心理学家尤为感兴趣的是，尽管亨利无法对人或事物形成新的长时记忆，但是他还保留程序性记忆的能力，也就是说，他可以学习新的动作技能，比如如何弹钢琴或开车。后来发现，这是因为在其手术当中，动作技能学习的程序性记忆相关脑区也就是基底神经节和小脑这两个区域未被损害。

　　以上案例的这位主人公后来以姓名首字母缩写"HM"出现在众多医学、神经科学和心理学文献中，迄今关于他的研究论文多达数百篇。给 HM 做手术的神经外科医生与加拿大心理学家在 HM 手术后对他进行了长达数十年的研究。2008 年，HM 去世前决定捐献他的大脑用于科学研究。这是历史上第一个关于遗忘症的详尽个案研究，对人类理解学习与记忆有着极为重要的意义。由于医生清楚地知道手术中具体哪个脑区被切除或损害，所以可以推测出术后相应的心理功能的变化是由大脑的哪个特定区域所负责。通过对大脑海马区受损病人的研究，神经心理学家发现了海马区在短时记忆向长时记忆的转化过程中发挥至关重要的作用。而且，HM 仍然保留着术前早期部分记忆，能够记住字词，也能学习新的动作技能，这直接表明了不同类型的记忆存储在不同的脑区。

第一节　记忆的内涵

最早关于"记忆"的解释可能来自古希腊哲学家柏拉图,他把记忆比作蜡版上的雕刻。柏拉图最喜爱的学生亚里士多德(Aristotle)在自己的著作中也继续引用这样的比喻,亚里士多德在《论记忆》一文中说道,"所有可以记忆的对象在本质上都是想象的对象,而那些必然包含想象的事物则是偶然地成为记忆的对象……所产生的刺激要留下某种和感觉相似的印象,就像人们用图章戒指盖印一样。所以某些人由于残疾或年老,即使有强烈的刺激记忆也不会发生,对他们就仿佛用刺激或图章去拍击流动的水一样;而另外一些人则由于类似建筑物旧墙一般的磨损,或由于接受面的坚硬,印痕难以透入。由于这个原因特别年幼的人和老年人都没有好记忆;他们均处于一种流变的状态中,年幼者是因为他们在成长,年老者是由于他们在衰老。"

亚里士多德解释说,童年的遗忘是因为蜡质太过于柔软,而老年的遗忘则是因为其过于坚硬。他认为,记忆并不位于大脑,而是遍布全身。他认为,大脑的存在只是为了冷却人们灼热的心脏——人们的灵魂所在地。亚里士多德曾在《论记忆》一文中指出,"所有记忆都表明着时间的逝去。所以,只有那些能意识到时间的动物才有记忆,而且它们是凭借着以感知时间的器官来记忆的。"

英国经验主义哲学家约翰·洛克(John Locke)在1690年出版的《人类理解论》一书中,驳斥了笛卡尔(Descartes)的天赋观念,肯定了亚里士多德的观点,即人的心灵在出生时如同"一张白纸",心灵从经验中获得有关推理和知识的所有原料。洛克在西方心理学史上首次使用了"联想"一词,认为联想是观念的联合。之后,联想成了心理学中最常用的术语之一。英国经验主义哲学家大卫·哈特莱(David Hartley)则反对洛克的反省说,只承认感觉是知识的唯一源泉,认为人接受外界刺激产生感觉,因感觉产生观念,正是联想在感觉和观念之间搭起了桥梁。

在很长一段时间里,人们都倾向于关注心脏而不是大脑——一部分原因是教会禁止解剖人脑。事实上,直到17世纪,人们才意识到大脑有思考的能力。1885年,德国心理学家赫尔曼·艾宾浩斯(Hermann Ebbinghaus)首次对人类记忆进行实验研究,发现了记忆遗忘呈现指数衰减的特征。他不关注记忆在大脑中的何处,而是关注记忆是如何工作的。在他最著名的实验中,艾宾浩斯发明了一张由超过2 000个"无意义音节"(例如"kaf"和"nid")组成的词表。通过观察人们对这些词汇的再认（recall）随时间变化的状态，他发现人的遗忘进程是一个"指数曲线"——也就是说，学习刚结束时遗忘得最快；其后，随着时间的流逝，遗忘的速度会变慢。同时，艾宾浩斯也划分了三种记忆类型——感觉记忆（sensory memory）、短时记忆（short-term memory）和长时记忆（long-term memory）。此划分方式沿用至今。感觉记忆是进入大脑的第一种记忆。例如衣服碰到皮肤的触感，或篝火传入鼻腔的味道。倘若人们没有注意到这些记忆，它们将会消失得无影无踪。然而，如果你对其进行思考，它们将会进入短时记忆中。

人们在日常生活中，时常会运用到短时记忆。比如，你能在句子的结尾明白其中所表达的含义，是因为你还记得句子开头讲了什么。研究者认为，人们短时记忆的容量为 7 个项目（item），记忆保持时长在 15～30 秒左右。对短时记忆的复述（rehearsal）可以将其转化为长时记忆——一个空间近乎无限地用于长时间储存记忆的地方。

1949 年，唐纳德·赫布（Donald Hebb）提出了 20 世纪最具影响力的神经科学理论。他写道，两个总是同时活跃的脑细胞很可能"关联"起来。它们的解剖学和生理学结构将会发生变化，从而促成新联结的形成或是旧联结的增强。赫布说，一个神经元的活动会促进其后的神经元活动。赫布理论经常会被总结为："一起发射的神经元连接在一起（Cells that fire together, wire together）。"举个例子，玫瑰花的香味和名字这两个相关联的概念，能够反复多次同时刺激脑内对应的神经元，这些刺激使得对应神经元的形状发生改变，其间联结增强。因此，与玫瑰花气味相联系的神经元，更可能刺激对应玫瑰花名字的神经元。赫布认为这就是长时记忆储存的基础。这些记忆能持续保存，是因为它们成了神经结构中独一无二的部分。人们回忆的频率越高，记忆就越强、越持久。

几乎在同一时间，加拿大外科医生怀尔德·潘菲尔德（Wilder Penfield）证明了刺激部分皮层可以唤醒记忆。潘菲尔德在给一名女性病人做手术时，刺激了病人大脑皮层内覆盖海马状突起的区域。病人说道："我觉得我听到了一位母亲在某处叫他的小儿子，这似乎是很多年前在我住处附近发生的一件事。"潘菲尔德再次刺激这个位置，那位母亲的声音再次出现在病人的脑海。潘菲尔德将刺激点稍微向左移一点，这位病人突然间说听到了更多的声音。她说，那是一个深夜，他们刚从嘉年华回来，"那儿有很多用来装运动物的大货车"。潘菲尔德的操作似乎使尘封已久的记忆回到病人的头脑，就像是从一本满是灰尘的相册里随机抽出一张照片那样。

　　回忆至今仍是一个没有被完全理解的神秘过程。伊丽莎白·洛夫斯特（Elizabeth Loftus）的研究使人们发现自己的回忆并不总是准确的（Loftus，1997）。在 20 世纪 90 年代，她在人们的头脑中植入了虚假记忆，她说服人们相信虚假的哽噎事件、濒死的溺亡事件，她甚至让人们相信他们曾被恶魔附体。她指出，疲劳、吸毒和智力低下都可能带来错误记忆的风险。她的研究揭示出即便是已经成型的记忆，也并非是一成不变的。每当人们回忆时，人们会增强那些已经存在的神经通路，这使得这些记忆增强，成为人们更长期的记忆。但是在回忆的一小段时间里，人们的记忆是可塑的——人们可以重塑，甚至篡改它。

　　心理学家一般认为记忆是对于过去的重现，即对于人们已经经历过的事件的复现。从神经学角度看，这一过程类似于相同的神经活动模式再次出现。例如，当记起来某人的面孔时，大脑会重新激活看到该面孔时相同的神经活动模式。但是，最新的研究反驳这种对记忆的传统定义，认为记忆是一种基于语义的经验重建。

　　在最近几年，研究者重复发现在视觉表征和记忆表征之间存在微小但显著的差异，后者在大脑中出现的位置会始终与前者略有不同。科学家们并不清楚是什么原因导致了这种偏移的出现：它起到怎样的功能？它对于记忆的本质意味着什么？神经科学家为大脑创建了一个语义图谱。该图谱异常精细地显示了哪些皮层区域会对特定的语言信息产生响应。当他们将这个语义图谱与之前制作的可以表征视觉信息类别的大脑图谱进行比较时，他们观察到这两种表征模式的重要差异，并且这些差异看起来与之前有关视觉与记忆的研究中完全相同。2021 年发表的一项研究表明，在很多情况下，记忆并不是过去经过的简单复现，而更接近于一种基于语义内容对原始经验的重建（Popham et al.，2021）。这种观点有助于解释记忆为何常常是对于过去经历的不完整记录。

　　记忆不是发生在大脑单个区域的单一构造，它包括不同类型的过程，与不同的记忆功能相关联。除了记忆过程本身很复杂之外，它们与其他学习过程的相互作用也很复杂，诸如进行概括（如区分、归类）和推理（如理解、意义建构、因果推断）等。人们通常用有关空间存储和搜索的隐喻来类比记忆编码和提取。在这个隐喻中，心智被想象成一个物理空间，知识（记忆）就是存储在那个空间中的物件。例如，知识可以被描绘为存储在图书馆书架上的书籍的集合，或者是存储在文件柜中的文件。所以，学习可以被理解为是创建和存储包含了各种知识的新文件的过程，而学习者要做的就是能在需要时找到这些文件。

学习实际上涉及的技能不是单纯地对经验副本进行再现,而是基于过去的经验和当前环境中的线索来重建记忆,正是它在整个大脑中的编码和存储方式使得重建成为可能。每个人都从主观角度处理记忆,这样与别人相比,他自己对同一信息或情节的记忆就会变得不一样。重要的一点是,有些知识的重建是内隐和自动的,以至于感觉起来非常流畅,不像是重建。例如,对于熟练的读者和作者来说,没有必要不断地、有意识地重建对语法的记忆。

当一个人构建一种体验时,关于该体验的表征会留在大脑中,以后他可能会使用这种表征。表征不是对世界的完美复制,而是个人主观阐释和感知的部分记录,它们的形成,受到先前知识、经验、感知能力和大脑过程的影响。将"发生了什么"转换为心智表征所涉及的过程,被称为编码。随着时间的推移、睡眠等等,人们可以对经过编码的记忆进行巩固,通过这一过程,增强与此相关联的神经联结;而记忆,即对经验的表征,也能够得以稳定或储存起来。提取是指对过去的经验进行记忆重建所涉及的过程,是由学习者所处环境中或学习者大脑中的提取线索(如提示、提问、要解决的问题,或者与记忆有某种关联的其他想法或观点)来触发和引导的。

赫斯特(Hirst)及其同事的一项研究表明,即使对于像 2001 年 9 月 11 日美国发生的袭击事件("9·11"事件)这样高度情绪化的和独特的事件,一个人在记忆时也会启动重建过程(Hirst et al.,2015)。研究者要求人们把对"9·11"事件的记忆写成报告:他们对于事件的了解情况以及关于袭击本身的细节。这一调查研究持续了将近 10 年,在此期间研究者分四次对这些人的记忆进行了调查。他们发现,参与研究的被试忘记了自己在第一年报告中的许多细节,而且随着时间的推移,报告中即使是那些充满感情的、独特的"闪光灯记忆"也发生了改变。

然而,需要通过记忆过程进行的重建不仅发生在复杂的知识和事件中,像短时记忆这样的简单任务也需要积极的重建。例如,在 1995 年的一项研究中,研究者让被试听一组相关的单词,如 bed(床)、rest(休息)、tired(累了)、awake(醒来)、dream(梦)、snooze(打盹),然后让他们回忆尽可能多的单词。结果发现,他们很可能会回忆起并不在词汇表上的相关词汇,例如 sleep(睡眠)。该研究表明,被试回忆时,不是简单地对经过编码的单词的副本进行再现,而是积极地尝试重建,即便是在回顾一个简短的单词列表这样简单的事情时(Roediger & Mcdermott,1995)。

简而言之,记忆是大多数类型学习的重要基础,涉及重建,不是单纯提取经过编码的心智表征的精确副本,学习者所在环境可用的线索对于其能够回忆的内容至关重要;这些线索也在学习者开始将新信息整合为知识的过程中发挥作用。

第二节　记忆的类型

目前,国内大多数心理学教科书将记忆定义为"人脑对过去经历的反映,诸如过去感悟过的事物、考虑过的问题、体验过的情绪与情感、做过的动作等,都可能保存于头脑中。"从脑科学角度看,记忆是将神经回路的动力学现象转化为一定规则,在突触重叠的空间中,根据读取的外部时空信息,形成一种内部信息表达的过程。简而言之,记忆的"真相"就是"新神经回路的形成"。"神经回路"是由神经元相互连接所构成的系统,人脑中存在大概 1 000 亿个神经元,每个神经元都通过"神经纤维"与其他 10 000 个神经元相连。在神经回路网络当中,神经信号来回传递。

从信息加工视角,一般认为,记忆是一种对信息编码(encode)、储存(store)和提取(retrieve)的过程,这三个过程分别对应识记、保持以及回忆和再认。首先,记忆对信息的储存需要加工,人脑的加工信息并非以信息的原本形式进行储存,而是基于对信息进行理解与认识进行编码。编码是一种信息的接收、加工与整合过程,也是识别和记住事物、积累知识和经验的过程。记忆的第二个过程是储存,指对编码的信息进行记录保存,也被叫作保持,即巩固已获得的知识和经验的过程,是对识记内容的一种强化过程,使之能更好地成为人的经验。记忆的第三个过程是对已储存信息的提取,或者叫作检索信息的过程,回忆和再认是对过去经验的两种不同再现形式。

在我们进一步了解学习记忆机制之前,首先需要了解目前对记忆类型的各种分类。

(一)根据记忆的内容和经验对象的不同进行划分

形象记忆:是对感知过的事物的具体形象的记忆,强调的是以往感知过的事物。例如:"余音绕梁,三日不绝于耳"就属于形象记忆中的听觉记忆。

逻辑记忆:是对以概念、公式、规律等逻辑思维过程为内容的记忆。例如:圆形的面积公式。

情绪记忆:是对自己体验过的情绪和情感的记忆。例如:至今依然记得当初接到大学录取通知书时的愉快心情。常说的"一朝被蛇咬，十年怕井绳"是对被蛇咬之后恐惧情绪的一种记忆。

运动记忆：是对身体运动状态和动作技能的记忆。例如：打篮球、游泳、骑自行车都属于运动记忆。

（二）根据信息加工和存储方式的不同进行划分

陈述性记忆（又称外显记忆）：是以陈述性知识为内容，即事实类信息。对有关事实和事件的记忆，包含对如知识、事件、地点、物体等的记忆。陈述性内容主要解决是什么的问题。陈述性记忆又分为情景记忆和语义记忆，前者是存储个人在特定时空情境中发生的各种事件；后者则是对知识、概念、定义的记忆，是抽象思维的基础。如"惠州市在广东省""若 A＞B，B＞C，则 A＞C"等。语义记忆既包括词义、语言、做事的步骤和解决问题的策略等方面的知识，也包括世界及其个别事件、人物、地点和规律的知识。陈述记忆的存储主要依赖海马区及其周边的新皮质，目前一般认为情景记忆由大脑内侧颞叶和海马区系统掌管，语义记忆则分布在大脑的各部位——取决于知识的种类。

程序性记忆（又称非陈述记忆、内隐记忆）：指对知觉、认知和运动技能的记忆，主要用来解决怎么做的问题。当一个人重复做一件事并且越做越好时，通常不需要意识的参与，更加自动化，主要依赖大脑的其他部分，比如小脑、纹状体、杏仁核等。程序性记忆的一个特点是将记住的事情自动转化为行动，因此常常难以描述。例如：如何打篮球，如何骑自行车。

（三）根据记忆内容保持的时间长短的不同进行划分

瞬时记忆：也叫感觉记忆，是极为短暂的记忆。时间一般是 0.25～1 秒。例如：人们坐在车上看窗外风景。如此短暂的信息，若不加以注意，很快就会消失。若得以加工，就会转入短时记忆。瞬时记忆的容量较大，编码方式为视觉编码和听觉编码。

短时记忆：也叫工作记忆，一般不会超过 1 分钟，容量也有限，一般为 7±2 个组块。短时记忆的编码方式可以为听觉编码和视觉编码。例如：翻译人员在同声传译的过程中利用的就是短时记忆。有人也将短时记忆称为工作记忆（working memory），即服务于当前动作的记忆。但也有人认为这是两个不同的概念，工作记忆是一个理论性框架，用来临时存储和处理信息的结构和过程。工作记忆与短时记忆的最大区别在于，工作记忆包括心理计算（计划、推理、执行等）和对计算结果进行贮存、整理；而短时记忆则强调对最近信息的存贮能力。

长时记忆:储存可以超过1分钟,甚至终身不忘。长时记忆容量无限。编码方式主要以意义编码为主。例如:人们对儿时的记忆属于长时记忆。

(四)按时间方向的不同进行划分

回顾性记忆:对过去的记忆。语义记忆、情景记忆和自传记忆都属于回顾性记忆。

前瞻性记忆:对将来的记忆,即关于未来意向的记忆。前瞻性记忆又可进一步区分为基于时间或事件的前瞻性记忆。基于时间的前瞻性记忆由时间提示所触发,基于事件的前瞻性记忆则是由事件提示所触发。

(五)长时记忆的分类

语义记忆:是指人们对一般知识和规律的记忆,与特殊的时间和地点无关。例如:对于一年有四个季节的记忆,对于二十四节气知识的记忆等都属于语义记忆。

情景记忆:是指人们根据时空关系对某个事件的记忆。这种记忆与个人亲身经历分不开。它是与时间和地点相联系的。例如:记住昨天去看电影发生的一些事情就属于情景记忆。

动作记忆:有研究者认为,动作记忆是一种情景记忆;也有研究者认为,动作记忆是一种独特的长时记忆。人们每天的生活经历都是由一系列动作事件所构成的,并时常需要回忆是否已经做过某件事。例如,今天是否已经按时打卡,又或是出门前有没有锁好门窗。这样类似的日常动作记忆任务每天都在发生,而且时刻影响着人们的生活。在这些日常情景中,人们需要记住曾经做过的事情,记忆的内容通常是动作,而且这些动作都是自己主动的操作,这些特征使得日常动作记忆的任务与传统的记忆任务有着重要的区别。人类对动作相关信息的记忆优势可能是人类长期适应环境的结果,自然选择法给人类记忆系统设计的一项重要机能就是优先记住与生存相关的信息(周宗泽,等,2013)。动作记忆作为一种特殊的记忆,是与日常生活紧密相关的重要心理过程,对人类的生存发展有着举足轻重的作用。显然,探究日常的动作记忆不仅具有重要的应用价值,还有助于探究记忆是如何被存储和提取的。在动作记忆领域,动作记忆通常使用动作操作任务(subject performed task,SPT)范式进行考察。SPT范式是以听觉或视觉方式逐一呈现动作短语(如切蛋糕),SPT条件下的实验参与者被要求执行相应的动作操作任务,与之对照的控制条件一般为语词任务(verbal task,VT),VT 条件下的实验参与者被告知尽可能地识记所呈现的动作短语(不需要被试进行动作操作)。编码任务完成后对实验参与者进行记忆测试。以往大量的研究发现,相比 VT,SPT 可以促进记忆成绩,被称为 SPT 效应或操作效应(赵敏芳,等,2020)。在动作记忆领域,研究者围绕 SPT 效应的产生机制与 SPT 的编码特性进行了大量的研究(王丽娟,李广政,2014)。随着研究的深入,最初同时探究 SPT 效应的几个研究团队相继提出了各自的理论解释。科恩(Cohen)团队研究发现:在 SPT 条件下,语词加工深度对记忆成绩没有显著的影响,回忆未出现首因效应,未能观察到显著的年龄效应,实验参与者主观报告未使用任何记忆策略。根据这些结果,科恩团队提出了非策略加工理论。该理论认为,SPT 编码为非策略加工,个体使用 SPT 编码时不会主动采用编码策略或即使个体主动采用某种策略,其记忆成绩也不会因此而得到显著提升。贝克曼(Bäckman)和尼尔森(Nilsson)反对科恩等人的观点,并提出了多通道加工理论。该团队研究发现,改变呈现物体的类别、大小、颜色等特征信息均对 SPT 条件下的记忆成绩产生显著影响,这说明多通道编码的刺激的丰富性是 SPT 效应产生的原因。

恩格尔坎普(Engelkamp)和齐默(Zimmer)团队则质疑多通道加工理论,并提出了动作编码理论。他们发现,是否呈现真实物体并不影响是否出现 SPT 效应。此外,相比 VT,SPT 条件下能够更快地激活相关动作的记忆。而且,SPT 的实际操作与想象操作的回忆成绩存在显著差异。基于以上发现,该团队推断认为,动作操作及动作成分的激活才是引起 SPT 效应的关键因素,并认为记忆系统存在独立的动作记忆系统。然而,科尔米-努尔(Kormi-Nouri)与尼尔森认为,动作不是 SPT 效应产生的关键,并提出了情景整合理论。他们发现,在记忆提取中进行动作操作的成绩并未显著高于传统的语词编码形式的成绩,而且 SPT 效应在某些条件下受视觉或语词信息的干扰,因此推论动作记忆只是一种情景记忆,动作操作也不是 SPT 效应产生的关键因素。

但是,采取干扰任务影响动作记忆的成绩可能仅能说明注意资源对记忆的影响,而且动作编码理论的观点并未排除语词编码(语义加工)和表象编码对动作记忆的作用。因此,反对动作编码理论的研究并不能证明"动作操作不是 SPT 效应产生的关键"。来自神经科学的研究在一定程度上从神经机制方面支持单独的动作编码系统的存在。例如,采用正电子发射计算机断层显像(PET)发现,相比 VT,SPT 条件的再认过程中顶叶区域存在更大的激活。采用脑磁图(MEG)技术发现,在再认的早期时间窗口,仅 SPT 条件(而非 VT 条件)的初级运动区被激活;而且在再认的晚期时间窗口,SPT 比 VT 条件在右侧顶叶区存在更强的激活。来自神经生理学研究的证据也表明,个体对动作与语词的加工是相对独立的表征。

大量研究证实,动作操作可以促进记忆,即 SPT 效应。然而,SPT 效应的证据主要来源于项目记忆,而且 SPT 效应的内在机制尚不清楚。那么,SPT 编码(动作)是否也可以促进动作成分的联结记忆? SPT 编码到底是如何改变人们对动作记忆的提取的? 本研究采用行为实验及事件相关电位(ERPs)技术,通过联结再认范式探讨了这一问题。48 名来自北京高校的大学生参与了本研究并被随机分配到 SPT 或 VT 条件组。学习阶段,被试使用 SPT 或 VT 编码学习一系列动词与物体构成的配对短语(如关窗户)。测试阶段,被试需要区分相同、重组合与新配对短语,并且做"记得/知道"("remember/know")判断,被试的行为学指标以及整个实验过程的脑电图(EEGs)均被记录。行为结果发现,SPT 条件下被试的联结再认成绩显著高于 VT 条件下被试的联结再认成绩。此外,相比 VT 条件,SPT 条件的被试更多地将重组合短语判断为"记得"。分析脑电图结果发现,SPT 条件的早期额区 ERPs 信号随测试短语的匹配程度而呈现阶梯变化(相同>重组合>新 ERPs),而此效应未出现在 VT 条件下,这表明在 SPT 而非 VT 条件下,熟悉性加工可以支持动作与物体的联结再认。相似地,SPT 条件的晚期顶区 ERPs 信号也随测试短语的匹配程度而呈现阶梯变化。但在 VT 条件下此效应更小,并且相同与重组合短语未表现出显著的 ERPs 差异,这表明在 SPT 与 VT 条件下回想均支持联结再认,但仅在 SPT 条件下出现的相同与重组合短语的 ERPs 分离可能与其对操作过的动作的记忆相关。本研究首次发现动作也可以促进联结记忆,这为 SPT 效应提供了新证据,提示操作动作可能是提升联结记忆的一种重要的辅助手段。此外,本研究从情景记忆双加工理论的角度探讨了动作记忆提取的加工过程,结果表明操作动作可能促进动作与物体的整合,从而促使在 SPT(而非 VT)条件下熟悉性能够支持联结再认,并且在 SPT 条件下回想对联结信息的匹配程度更为敏感。人们的日常生活是由一连串的动作事件构成的,自己对做过的事通常比没做过的事记忆更为深刻,显然,这一记忆优势对人们的生存发展有着至关重要的意义。未来有必要针对联结记忆 SPT 效应的内在机制做进一步探究,同时结合具身认知理论探讨相应的脑机制。

具身认知与动作最初的概念表征理论将概念视为抽象、非模态的实体。传统的认知主义认为,人们使用存储在记忆中的非模态符号表征概念的意义。有理论观点提出，概念表征基于知觉和运动经验，并且与知觉和动作共享加工资源。例如，茶的概念包括茶的颜色、气味，以及与喝茶相关的口感和温度。在此观点下，茶的概念是通过感知模拟进行表征的，该模拟涉及与该概念的实际体验相同的感知系统。随后，越来越多的研究者证实了这一观点，获得了与知觉模拟是概念表征基础的观点一致的结果。支持具身认知的观点包含四条主线的研究证据：行为研究、脑激活测量、脑刺激研究和病患研究。涉及脑损伤或颅脑刺激的证据显示，特定通道的语义损伤往往是由于相应的感觉运动损伤所导致，因而进一步说明了概念加工和感觉运动系统之间的因果关系。

格伦伯格（Glenberg）提出，概念是两方面事物的融合表征：在当前情况下感知到的功能可控性，以及在相似情况下对以前行为或动作的记忆。因此，功能对象（如锤子）的概念是当前锤子中感知到的可控性（如抓握手柄）和之前使用锤子所执行动作的记忆的组合。因此，概念通过激活记忆中做过的动作以实现与环境的交互。这一观点表明，在没有实际物体的情况下，语言理解和记忆等其他认知过程也可能依赖于模拟动作的激活。在语言加工过程中，运动或动作的模拟似乎在理解中发挥了作用。例如，启动手部的动作促进句子的理解，如"挤压番茄"。其他研究表明，语言理解中激活的反应行为与词汇中描述动作行为的某些方面非常一致，例如方向、旋转或动作的行动目标。研究表明，实验参与者对句子所描述的动作的体验对句子-图片匹配任务产生影响，这一结果表明动作模拟的确是基于记忆当中做过的动作。当参与者阅读动作动词或句子时，运动区域的激活则进一步表明了动作知识对高级认知的作用。

尽管众多证据表明动作是理解概念和语言的基础，但动作激活不一定反映概念加工本身的核心特征。为了证明动作对于语言理解是必要的，那么有必要证明，当动作行为的激活受到损害时，概念理解应该会受到相应的影响。然而，在神经心理学中，来自运动系统受损患者的数据并非一致地表明概念加工存在明显的问题。总之，一些研究的确表明概念加工和动作之间有着密切的关系，但需要更多的研究以进一步确定动作在多大程度上干扰了概念加工。

鉴于动作对概念和语言理解的重要性，动作对外显的记忆的作用又是怎样的呢？长期以来，人们一直认为情景记忆受概念变量的影响，比如类别成员。例如记忆项目之间的干扰取决于项目之间的概念重叠，表明人们依赖概念信息以存储和提取记忆中的项目。那么，假如动作是构成概念知识的一部分，那么动作应该在记忆中发挥重要作用。未来还有待进一步研究以验证这一假设。

第三节　记忆的认知神经机制

本书将告诉大家如何高效地整理知识以便大脑有效地吸收与提取知识。为此,我们将从脑科学与心理学角度,介绍与记忆紧密相关的认知神经机制。

记忆是如何形成与储存的呢？这一问题至今仍是最重要的科学问题之一。

首先,从神经科学角度谈一下外界信息进入大脑并形成记忆的过程。目前的神经科学证据表明,记忆在大脑中的编码是以波的形式实现的,不同时间、地点发生的事情,通过不同的频率、振幅、相位来编码,然后储存在不同的神经元中,彼此之间以复杂的网络相连。记忆"波"的微观储存是以特定蛋白的不同的三维折叠形式,同种折叠形式的蛋白像叠罗汉一样,叠加得越多,记忆的强度就越大。记忆的每个细节信息都会储存在不同的神经元中,一段整体记忆涉及大量神经元,这些神经元彼此用长长的神经纤维连接成大型记忆网络。人们的大脑做任何一件事,都不是单个神经元可以胜任的,而需要神经元群落的周期性活动来完成,其效果类似于足球场观众席上的人潮。记忆的形成过程在微观上表现为不同区域的神经元群落的周期性同步激活,也就是赫布学习规律的"共同放电的神经元连接在一起"。具体来说,与大脑距离遥远的神经元被同步激活,这种同步性使两个区域的神经元向着对方长出新的神经突触,最终神奇地连接在一起,完成记忆的编码和巩固。记忆巩固过程通常需要反复地练习和激活才能达成,比如背课文,人们通常都做不到过目不忘,而是需要反复地记忆。

从心理学角度,提及记忆与遗忘,必须首先说明长时记忆与短时记忆之间的关系。人们要想将信息长期保存在人脑当中,需要经历一个关卡,也就是临时存储信息的场所,这就是短时记忆。生活当中,人们明明想去厨房拿一个杯子,但是去厨房的过程中突然被一个电话打断,接完电话后发现自己忘记来厨房要干什么。因为"去厨房拿杯子"这事情本身只是一种短时记忆,如果人们没有进行及时"保存",就会很快被忘记。短时记忆的特点之一是保存的容量比较小,不能同时保存太多的信息,且保存下来的信息如果未获得额外关注则一般在几十秒内被遗忘。因此,若想要将某个信息或知识点形成自己的长时记忆,关键在于学会如何利用和处理短时记忆。这就像人们平时常常需要编辑电子文档工作,在保存文件的同时,还需对文件进行命名以便进行分类整理,这样的话,未来人们需要用到这个电子文档的时候,便可以很快地从电脑中搜寻或检索到相应的文档。

　　而人们的短时记忆也是运用相同原理，当人们需要迅速提取出想要的相关知识，例如，在考试前一晚已经复习了的内容，考试时却突然想不起来了，那可能是因为考试前对知识点进行机械式的记忆，并未加以分类整理。

　　现在人们知道了记忆如何从不稳定的短时记忆转变成稳定的长时记忆。在记忆储存到大脑以后，每当人们需要提取记忆的时候，大脑又是怎么做的呢？科学家发现，海马区中的一些重要神经元可能起到了"检索标签"的作用。当你需要提取某些记忆时，激活"检索标签"就可以"牵一发而动全身"，从大脑皮质储存的长期记忆中翻找出你需要的部分。一般来说，对于时间跨度比较小（比如6小时）的两件事，负责储存这两段记忆的神经元通常有重叠；而如果两件事的发生时间间隔超过24小时，这两件事就会被储存在完全不同的两簇神经元里。

　　每当人们回忆一件事时，就会修改这段记忆。人们提取记忆的过程和从电脑里提取储存信息是不一样的。当你回忆某件事时，大脑神经元中负责储存记忆的折叠蛋白会重新变成不稳定的形式，这时环境中的新信息和情绪状态会被编码到这些记忆蛋白中去。当记忆蛋白再次恢复稳定时，原有的记忆可能已经被修改了。所以，对一件事的回忆次数越多，这件事在你大脑中的样子可能离最初的状态越远。刑事案件中证人的证词就是一个例子。当侦查人员反复询问证人，让他们回忆看到的人或事时，使用的一些暗示会影响证人的回忆，而证人反复提取记忆的过程也有可能扭曲其最初的记忆，导致证词和真实情况有所出入。

　　目前，人们还无法确定人脑记忆的容量。但是，可以确定的是，人脑不同于计算机，无法通过增加存储器来进行扩容。因此，为了有效运用有限的脑存储空间，人们的大脑会根据信息对于本人的价值，将信息进行过滤，只有那些被判定为必要的信息才会被运送到大脑皮质内进行长时间的保存。以往大量研究证实，保存长时记忆的部位为大脑皮质，它的功能就如计算机的硬盘，可以保存人们已经记住的信息。那么，大脑哪个部位负责判断信息是否有用的呢？就是人们的海马区。

　　海马区（Hippocampus），又名海马回、海马、大脑海马。海马区位于大脑丘脑和内侧颞叶之间，属于边缘系统的一部分，是大脑皮质的一个内褶区，主要负责短时记忆的存储转换和定向等功能。海马区直径约1厘米，长度接近5厘米，结构形状很像海洋生物海马，因而得此名。海马区演化时间在两亿五千年左右，进化上非常古老，大致位于耳朵深处的大脑部位，靠近鼻子末端。海马区负责快速学习和储存瞬间信息,其功能类似于计算机的内存。人们每天学习的知识会被快速地存储在海马区中,接下来的几周内或几个月内的记忆暂时保存,以便快速存取。然而,储存还是删除某些信息,却不是由人们有意识地判断,而是由海马区来处理。海马区在学习与记忆的过程中充当了转换站和检查员的功能。当大脑皮质中的神经元接收到各种感官或知觉信息时,它们会把这些信息传递给海马区;海马区对输入的信息进行必要性的评定,被评定为必要的信息才会进一步被分门别类地逐渐"写入"大脑的新皮质,成为存储时间较长的长时记忆。通常来说,这样的"审查"过程至少需要一个月,而且海马区的审查标准非常严格,一般而言,仅那些非常重要的信息才会一次性通过。这就是记忆巩固的过程,从短时记忆到长时记忆的转换。日常生活中的短时记忆均存储在海马区中,假如一个记忆片段如某个人的姓名被重复提及的话,海马区就会将其转存入大脑新皮质,成为永久记忆。相反,存入海马区的信息,假如一段时间没有被使用的话,就会自行"删除",也就是被遗忘了。而存入大脑皮层的信息也并不是永久保存,当你长时间不使用该信息的话,大脑皮层也会把这个信息"删除"掉。

当然,也许很多人可能好奇,什么样的信息能够较为容易地通过海马区的审查或是让海马区有所反应呢?是今天新认识的人的名字,还是考试要背的英文单词?很可惜,这些信息都不足以通过海马区的审查标准。对于海马区而言,一个重要的审核标准是"对生存而言,这些信息不可或缺"。对于生活中的大多数信息,特别是在学校里学习与记忆的知识,海马区会认为没那么重要,因而没办法进入长时记忆当中。

从进化角度而言,人类本身有着生存的优先本能。对于动物(包含人类)来说,所谓学习,不外乎是需要记住在危险的环境中获得关乎生命的经验,以便在遇到相似的危险时能够用到学到的本领,进而逐渐适应环境的过程。人脑能量消耗占人体总能量消耗的 20%,质量却不到人体体重的 2%,因此人脑是十足的耗能大户。海马区则是一个节能的财政大臣,因为它仅将必要的信息转接到人脑的长时记忆当中,将非必要的信息挡在外面,这样一来,就能减少在存储信息到长时记忆当中的能量消耗。从脑科学角度看,人们总是难以记住某些信息是极其正常的。因为大部分信息对于人们的生存来说都是无足轻重的。例如,作为学生,每天都在学校学习知识,这些知识可能对于海马区来说,难以被评定为对生存很重要。于是,人们就会"左耳进右耳出",海马区在不断地从大脑中过滤并"删除"对生存不重要的信息。因此,当人们时常懊恼总是忘记好不容易记住的信息的时候,其实没必要太过于在意,因为不是人们的脑特别容易忘记,而是脑就是如此的运行机制,每个人都是如此。

当然,人们希望记得更好,在学习时少费力,在工作时显得更为聪明。很可惜的是,人们的海马区却不会因人们的需要而按照人们的意愿去处理输入的信息。怎么才能让海马区顺从人们的意愿,将人们在意的信息或知识判断为必要的呢?人们只有尽可能反复持续地输入某个信息,海马区也许就会判断为这一定很重要,从而允许其进入大脑皮质而成为长时记忆。这也是人们需要复习的原因。从脑科学角度看也的确如此。即使人们会遗忘学习过的信息,但是如果人们反复进行记忆,那么这些知识总会被成功保留在大脑当中。但是,当人们不使用某个信息的时候,迟早也有可能遗忘。例如,人们曾经花费力气背诵许多英语单词,但是假如人们太久不使用英语的话,慢慢就会遗忘了。别无他法,人们只能再次学习、记忆。因为,人脑的设计原则就是为了能够尽快遗忘大量信息,尤其是那些无用的信息。

那么很多人就疑惑了,难道那些"学霸"都是这样努力的吗?其实本质上就是如此,面对一次又一次的遗忘,只能反复复习,从而将想要记住的信息输入到海马区,并让海马区觉得这真的重要。不过,并非所有记忆都需要反复练习才能形成,一些涉及重大情绪的事件可能只经历一次就会给人留下终身记忆。为什么和强烈情绪有关的记忆更容易被记住呢?这是因为和情绪有关的记忆会激活大脑负责情绪的古老边缘皮质,比如恐惧情绪会激活杏仁核,而杏仁核就长在海马区边上,和海马区的连接非常紧密。所以,与重大情绪有关的记忆很容易被编码进入大脑记忆中心,给人留下深刻的印象。

现在人们知道,海马区的作用是将某个记忆的不同方面整合在一起。当人们试图学习一些新的联结,并在稍后回忆时,谁的海马区产生最多的活动,谁的回忆成绩就最好。仿佛海马区在一开始,就将这些联结更好地整合在了一起。这时,通过把所有线索拼在一起,研究人员以为有了一个很好的记忆理论:他们推测所有传入的信息在汇聚到海马区之前,都在大脑皮层中被简单地处理过。海马区对新信息进行分类,判断这些信息"有多重要"(即这个信息是否值得被记住)之后,对必要的信息通过形成新突触将信息编码到脑中。

然而,2017 年,美国麻省理工学院研究团队发现,短时记忆和长时记忆实际上可能是同时形成的,只是长时记忆一旦成型就会陷入沉寂。高石北村(Takashi Kitamura)的团队使用的新技术包括光遗传学(optogenetics),这项技术利用光来激活和抑制细胞(Kitamura et al.,2017)。他们也利用了单个记忆细胞的标记技术。研究团队在实验小鼠进入房间时给它们一个微弱电击,从而使小鼠对这个房间产生恐惧。训练一结束,研究人员就能看到在小鼠海马区和前额皮质(前额后面的一个区域)中形成的电击记忆。然而,在前额皮质中的记忆细胞却处于静息状态。记忆的痕迹确实存在——当研究者人为地刺激这些细胞时,这些老鼠呆住了,就如同再次身临其境,感受到了恐惧。记忆并没有逐渐从海马区转移到大脑皮层——它似乎已经在皮层里了。两周后,大脑皮层记忆细胞的形状和活动发生了变化,当老鼠来到这个小房间时,大脑皮层的记忆细胞自己变得活跃起来,这时海马区记忆细胞反而处于静息状态。这种分析人类大脑的复杂方法将继续帮助人们理解健康的记忆,以及当它被疾病破坏时发生了什么。

如果一个人的海马区发达,他的记忆力也相对好一些。一项研究显示,对患有复发性抑郁症的患者来说,他们大脑中负责记忆和控制情感的部分会因抑郁症而缩小,这项发现强调了在抑郁症第一次出现时就及时予以鉴定并治疗的必要性,对年轻患者来说尤其如此。该研究团队对 1 728 名抑郁症患者以及 7 199 名非患者进行调查,并对他们的大脑扫描及医学数据进行了分析。在这些抑郁症患者中,有 65% 的人患有复发性抑郁症。研究分析发现,患有复发性和持续性抑郁症的患者大脑中的海马区明显小很多,而海马区主要负责记忆和情感控制。研究者表示,没有发现初级阶段的抑郁症有这部分的变化,这就说明是这个疾病本身造成了大脑的这种变化。研究者指出,这种变化是可逆的,因为这种缩小主要是因为细胞之间断了联系,而不是像痴呆(dementia)那样是神经细胞死亡,在合适的环境下海马区会再生长的。科学家表示,要想促进再生长就应对患者进行持续有效的治疗,把心理及药物治疗相结合。也有研究显示,阿尔茨海默病等疾病的患者,其海马区的体积往往也会变小。

此外,有学者对 290 名 5～18 岁的未成年人的睡眠时间和海马区进行了四年的追踪研究。结果发现,与每天只睡 6 小时的孩子相比,每天睡眠达 10 小时以上的孩子的海马区的体积要大 10% 左右。简而言之,睡眠越充足的孩子,其大脑中与记忆和感情有关的海马区的体积越大,大脑发育得越好。因此,科学家认为,从小养成充分睡眠的生活习惯,使海马区发育得足够大,将有可能降低罹患上述疾病的风险。

第四节 自传体记忆与超忆症

一、自传体记忆

自传体记忆是关于一个人亲历事件的记忆,而且与记忆的自我体验紧密相连。简单来说,自传体记忆是与自我有关的过去经验的记忆。也许你能背诵出圆周率小数点后很多位数,却记不清过去具体某一天里自己做过的事情,而超强自传体记忆的人群则能够很轻松地回忆起那一天的每个细节。可见,仅仅按照时间顺序对个人生活经历的罗列记忆并不能算是自传体记忆。

有关自传体记忆研究的历史可以追溯到高尔顿(Galton)和弗洛伊德(Freud)。最早系统研究自传体记忆的研究者可追溯到 19 世纪的高尔顿,他曾采用线索词方法,以自己为被试对象,对自传体记忆进行了研究,结果发现,在高尔顿脑海中的"观念"主要是对童年期和成年期的回忆。精神分析鼻祖弗洛伊德对自传体记忆的兴趣则来自对神经症的解释和治疗,他认为"人们的精神病人困耽于追忆",只有通过自由联想和探索才能唤起病人的自我经验。张耀翔出版的《人生第一记忆》一书中,阐述"食物、游戏、学问、危险、责罚、病痛、伤感七事,最能记忆",而这些记忆均存在非常鲜明的自我参照性。2006 年,詹姆斯·麦高夫(James McGaugh)团队发表的一项研究报告了在简称为 AJ 的女性身上发现了这种特殊的记忆(Parker,Cahill NaGaugh,2006)。当时各媒体都争相报道了此事,之后对于自传体记忆的研究越来越多,并成为人类记忆研究中的一个新热点,尤其是在跨文化研究和临床研究中。

关于自传体记忆的内涵,国内外学者有着不同的看法。约翰逊(Johnson)提出多道记忆模块系统。该模型认为,记忆作为心理进化的一个整体,它是由一个相对独立的感觉记忆系统、知觉记忆系统和反映记忆系统组合而成的,个体所体验的事件信息在所有子系统中以不同程度被编码,并且这些多重编码的程度与本质可以导致出现不同类型的自传体记忆。布鲁(Brewe)在对自传体记忆特征的研究中提出,自传体记忆具有"自我参照"(self-reference)的特征,把他的这一研究与传统的心理学进行对比,可以发现,布鲁认为自传体记忆是对复杂事件的混合性记忆。

按照康威(Conway)的模型,自传体记忆属于自我记忆系统的核心部分,是对个人信息或者个人经历的生活事件的回忆。它是自我记忆系统的"暂时的心理结构"，它由工作自我、情景记忆系统以及长时自我构成。工作自我的功能是发动以某个目标为导向的活动并加以监视，以及控制自传体记忆的存储与提取。工作自我有两个成分：① 概念自我，包括自我引导、图式、态度和信念等。② 自传知识，包括个人生活故事梗概、具体的生活时期（如我住在伦敦的时候）和一般的事件（如清早坐地铁上班）。情景记忆系统编码具体事件的感觉知觉特征（如特定的地铁旅行时感受的光线、声音与气味），这些编码通常采取视觉表象的形式。我国著名心理学家杨治良认为，自传体记忆是有关个人生活事件的记忆，是在日常生活中自发产生而非实验室设置的与自我经验相连的信息的储存和提取的过程。例如，自己第一次上游泳课的记忆。

对此，纳尔逊（Nelson）曾经用生活现象来指出自传体记忆和情景记忆的区别，并用"前一天中午午餐"和他第一次"在学术会议上宣读论文"的记忆进行对比。他认为，或许人们后一天会对午餐情节有所回顾，但是时间隔久以后，人们就会忘记午餐，除非那个午餐对人们来说很重要，但是那场学术论文会议并不能轻易忘记，无论在什么时候想起，都会很清楚。他的这个例子其实在间接承认，那些发生在日常生活中的事情的确是情景记忆，但是它并不属于自传体记忆，自传体记忆是在简单的情景记忆的基础上进行一定的加工形成的。相比于纳尔逊，图尔文（Tulving）从理论的角度解释了自传体记忆和情景记忆、语义记忆之间的关系。他认为，即使情景记忆和自传体记忆均表现为"自传体式的"，但是两者之间明显的差别在于自传体记忆中表征有对可在时间拓展且具有多种人物与地点的复杂的真实实践的体验和解释，而对很近或者对于前不久发生的微小细节记忆很清楚的应该是情景记忆。简单来说，自传体记忆分为两类：个人语义记忆和个人情景记忆。自传体记忆一定是情景记忆，但是情景记忆却不一定是自传体记忆。

二、自传体记忆的影响因素

（一）内部因素

自传体记忆具有自我参照性，所以出现自我意识是自传体记忆出现的一个重要因素。在哈特的研究中显示，当一个孩子处于婴儿期的时候，他的自我意识在不断地发展，而在人们的普遍认知里，只有当一个孩子有了语言能力的时候，他才会有自传体记忆，但是研究表明，当出现认知自我的时候，他已经开始了自传体记忆。曾经有一个报道显示，最早的自传体记忆出现的时间是在婴儿出生 12 天后。

1．性别

女性的自传体记忆更具有优势,具体表现在回忆情绪、速度、生动度和准确度四个方面。另外,女性最早记忆的年龄要早于男性,并且在记忆的具体性、关系取向、情绪性上的分数都要显著高于男性。

2．年龄

年轻人的自传体记忆中关于自我概念的清晰性正处于建立中,而年长者则处于巩固阶段。

比如年轻人正处于"我是谁"的困惑中,而年长者则是"因为我是谁,所以要怎么样"(因为我是孩子的父亲,所以要关心、爱护、教育好孩子)。

3．情绪(心境)

抑郁症患者等心境不良人群不能按要求描述具体事件的记忆,而只能提取类别化、概括化的记忆,并且具有过度概括化记忆的个体往往容易出现想象困难、延迟疾病康复等问题。此外,对于不同情绪的自传体记忆,个体所提取内容的概括程度和提取时间也是有所差异的。

4．个性特征

人格中的"人际取向"与记忆描述的主题内容、关系取向、记忆容量均存在显著相关,比如"大五人格"中开放性与记忆的自主取向存在负相关,而外倾性则与记忆的具体性存在正相关。

(二)外部因素

事件特征:一般说来,对人们的感情有很大触动的事件才会让人们的记忆深刻,无论处在什么时期,人们想起那段经历,都会历久弥新。

父母因素:研究表明,来自父母对个体自传体记忆的影响主要表现为父母对过去事件的描述方式会影响到个体自传体记忆能力的发展。

依恋类型:安全型依恋关系往往导致母亲的叙述方式更精细化,而精确化叙述有助于儿童形成内在的依恋关系运作模型,进而形成内在的自我运作模型。也就是说,安全型依恋的儿童被预测可能拥有更丰富的记忆内容。

文化背景:如,东方与西方被试在记忆容量、具体性和记忆取向等方面存在差异。

有研究显示,在记忆容量上,西方被试高于东方被试;在具体事件的内容上,西方儿童在回忆中会更多提及自己、特殊事件、个人的内部状态,比如当时的情绪与喜好。

在记忆取向方面,西方人以自主取向为主,而东方人则以关系取向为主。这是由于西方人崇尚个人主义(英雄主义),突出个性化的偏好与特质,在描述自己时的态度更积极;而东方人则往往以群体归属确定自己的身份,比较有集体意识,在谈论自己时都比较谦虚。

三、超忆症

假如人记住的每一条信息都不会被遗忘,就如计算机那样,信息存储后直接保留在硬盘上,不用担心很快就会忘记。那是不是很好呢?有一类特殊人群的事例对回答这个问题有很好的启发。超忆症(Hyperthymesia)是一种极为罕见的医学异象,临床表现为大脑拥有自动记忆系统,没有遗忘的能力。超忆症患者的记忆过程似乎都是在潜意识下发生的。超忆症人群能把自己亲身经历过的事情记得非常清楚,能具体到任何一个细节,其病因至今仍没有科学定论。目前研究表明,超级记忆的能力不是天生就有的,有的因突发或特别事件激发后而拥有,有的则是突然无故发生。

超忆症患者往往有以下特征:① 花费大量的时间思考自己的过去。② 具有超常的能力回忆自己过去的特定个人事件。患有超忆症的人,拥有非常详尽的自传体记忆,或者说很擅长自传体记忆。他们可以毫不费力地回忆一生中任何一次个人经历和事件。

2000 年,吉尔·普莱斯(Jill Price)第一次将她的困惑告诉了麦高夫——加州大学欧文分校的神经生物学教授。麦高夫和其他研究者开始了对普莱斯这种超记忆能力的探究。根据普莱斯对于自己记忆的描述以及对其大脑扫描结果进行分析后,麦高夫说:"根据在她个人身上发生的重大事件、她从 10 岁到 30 多岁的日记,以及她家人的回忆,她的记忆的确是超出常人的。但更加令人感到吃惊的是,虽然她记忆超群,她却没有用任何的死记硬背之类的记忆技巧。"研究者通过综合研究,最终决定根据她的这种症状,创造出一个新的词汇——超忆症,意为超出常人的自动记忆功能。

拥有巨量的高清"全息"回忆是怎样的感受?不同超忆症患者有着截然不同的经历。超忆症是什么体验?2006 年,麦高夫团队首次报告了一例超忆症病人。这位病人自述:"我的记忆统治了我的生活。我想知道为什么我能记住一切。我一直在回忆过去,像放映一部无尽的电影。但是却是分屏,我一边做着自己的事，比如和你聊天，一边在脑海里放映着 1982 年 12 月 17 日的事情。我的脑海里全是日期，当我听到一个日期，就能立刻身临其境地回放当时所闻所见的所有细节。我无法放弃和遗忘。我珍惜这些记忆，不论是好的还是坏的，因为它们是我的一部分，也只有念及此才会觉得稍许安慰……人们认为这是一种天赋，但对于我来说是一种痛苦。我每天都要在脑海里把整个人生过一遍，我简直要被逼疯了……"

科学家对普莱斯的记忆力进行了测试，发现虽然她的自传体记忆详细得令人难以置信，但她在标准化记忆测试方面表现并不佳。在学校，她也只是一个普通的学生，没法把她特殊的记忆力用于学习。对于她来说，对事件情景的记忆能力往往超越了对事实真相的记忆能力。比如，如果你告诉她一个关于世界的规律，她可能不记得你说了什么，但她更可能记住你所穿的衣服及其他情景细节。

而另一位超忆症患者，来自澳洲的 27 岁女孩丽贝卡·沙罗克（Rebecca Sharrock），看完一遍《哈利·波特》的全套书籍，就可以复述下来。虽然她的记忆力可以体现在书本上，但她也不是"学霸"。因为大脑里装了太多知识，她往往看到一个问题要反应很久，大脑常常会回忆出许多不相关的事情。同为超忆症患者的尼玛·维瑟（Nima Veiseh），却因为这种超常的记忆力，成就了自己的事业。他现在是乔治华盛顿大学（George Washington University）的学术研究员，也是专业画家。由于对艺术的挚爱，他在空闲时间参观了许多当地美术馆，并能够记住自己见过的每一幅画、画所在的墙面和所处的美术馆空间。

法律案件中，许多情况下法官和陪审团都是依照目击证人的证词来进行判断的，但孟斯特伯格（Münsterberg）却发现，对同一件事不同的目击者会有不同的描述，换言之目击者的证词不一定可靠。目击者的自传体记忆会由于提问方式的不同而有很大的差异：在一研究中，先让被试观看一部关于撞车事故的影片，然后要求被试判断车辆的行驶速度。当提问是"车辆在冲撞时的速度是多少"和"车辆在接触时的速度是多少"时，他们对前一个问题的回答和判断是认为都超过了 65 km/h，而后一个问题的回答和判断只有 50 km/h。一周后，要求被试回忆在事故中车窗是否被撞碎，其中有 33% 的被试说是被撞碎了，而事实上并没有。可见这种自传体记忆并不可靠，甚至是会被篡改的。所以，证人的记忆并不完全可信，他们往往会带有倾向性。

所以，超忆症患者不一定会成为"学霸"。即使是超忆症患者，也只是拥有一种选择性记忆的能力。每个人的记忆不同，与记忆的相处方式不同，有人欢喜有人忧。拥有不会遗忘能力的超忆症患者,对每一天所发生的事件、遇见的人、做过的事等所有经历与体验(自传体记忆),都会记得一清二楚。也许你会很羡慕这样的超凡记忆力,但是实际上,这种能力会让生活变得非常困扰。

想象一下,如果你能清楚地记得所有遇见过的人与物,不可控地在脑海中不断浮现,一幕幕的场景反复侵入你的大脑,有些情景就像反复出现过又似没出现过。人们也许偶尔会有这种感受,但是,对于超忆症人群来说,每天都经历如此,长此以往,可能难以区分现实与幻想,迷失在幻觉的世界中,并且无法进行正常的思考。又或是,清楚地记得所有事件(包含非常痛苦的事件),那么,他们只能活在无限的痛苦当中,难以走出阴影。如此看来,你是否还期望自己过目不忘呢?人们应该感谢人脑进化而来的设计机制——不重要的就遗忘。"不念过往,不畏将来"。而对于日常人们想要记住的信息或知识,那么解决办法便是,通过反复的有效复习来"欺骗"海马区,这是非常重要的一个方法。当然,后面人们将给你呈现更多高效科学的学习记忆法。

了解了大脑运行的机制,人们就能明白合理应用大脑的机制可以有效提高反复复习的效率。这在实践过程中需要运用一些技巧,而这些技巧才是高效学习与记忆的秘诀。人们在心理学与脑科学研究已有的证据基础上,向大家讲述这些学习记忆方法、策略和技巧。掌握了这些技巧,人们就能变成利用脑规律而擅长学习的高手,也就是通常所说的"学霸"或聪明的人。当人们知道了记忆在人脑中如何形成与遗忘等记忆的脑机制以后,再去学习,就像了解了体育运动的规则以后再去埋头苦练,必然会提高效率,事半功倍。因此,高效学习,人们需先了解人脑的机制,就如了解人脑的规则,违背规则去学习,显然会不得要领且非常低效,甚至无效学习。

在本书中,我们会从科学证据的角度向大家讲解学习记忆究竟是什么,并说明其认知神经机制,在此基础上介绍高效学习与记忆的训练方法。本书的"学习"并不是狭义的学习,也并不局限于在学校里的学习。本书所提及的所有高效的学习或记忆方法,都可以应用于日常生活的各类情境中,从而让各位读者在日后的工作和学习中受益。

第二章　水到渠成:学习科学与终生发展

在组约一所女子学校曾经进行过一个有意思的学习飞镖实验,实验参与者为高一和高二女生。作为实验报酬,她们参加实验后会收到一个小礼物。该项学习实验内容是第一次学习如何扔飞镖。实验研究人员将参与者随机分配到三个组:第一组为绩效表现组,实验参与者被告知只要朝着靶心扔飞镖就行,最后得分最高的组可以在比赛当中获胜。第二组为学习方法组,实验参与者被告知把注意力集中在掌握怎么扔飞镖的过程上,这一组学生首先学习如何投掷,掌握几个基本步骤,比如,先让手臂尽量贴近身体。然后,学习如何瞄准靶心等。也就是说,这组实验参与者从以结果为目标逐渐过渡到以过程为目标的学习。第三组是控制组,也被称为传统智慧组,实验参与者被告知尽量做到最好就行,这一组的实验参与者可以采用她们喜欢的任何方式学习投掷飞镖。最后,实验结果出乎意料:第二组学习方法组的成绩远远高于其他两个组,而且实际得分差不多是传统智慧组的两倍,而且她们更为享受实验的过程,该组学生在实验结束后的几周内,还多次向研究人员提出想学习更多的飞镖投掷技巧。这一飞镖实验的结果尤为显著,后来也被其他实验所反复验证,说明了学习是一个过程、一种方法、一套理解事物的体系。学习活动需要集中注意力,需要规划,需要反思。实际上,学习过程可以是学习结果最有效的预测指标之一。

其实,掌握一套有效的学习方法并不难。对于很多深受学习困扰的学生而言,一旦他们懂得如何学习,将会更高效、更深入地掌握所学的专业技能。本章将基于教育、社会、文化以及认知神经科学等方面,研究不同类型的学习,以了解学习背后复杂且多样的过程,讨论整个生命阶段的脑发展与学习的关系,以脑科学的研究发现指导高效学习记忆的核心策略。

第一节 学习的类型

人们学习许多不同种类的知识,并使用不同的学习策略以及经历不同的脑加工过程。人们将通过以下的学习场景进行思考,感受学习活动和结果的多样化。

场景一:小红在几何课上学习勾股定理。她的直接动机是要在数学考试中取得好成绩,但她可能也有其他动机,比如给父母、老师和朋友留下好印象;保持自己的平均学分绩点;认识到勾股定理是重要的基础理论;将勾股定理用于她很感兴趣的其他学科中。

当小红做这些事情的时候,她可能会进行不同类型的学习,涉及知识的不同运用。她将可能学到关键的术语或规则,诸如学到"弦",即直角三角形的斜边、最长边,以及如何使用公式算出任一直角三角形斜边的长度。她将用文字或图片对公式进行编码,以便稍后在考试中检索这些规则。她可以学习创建和转换空间模型,为该定理提供直观且令人信服的理由。她可能学习将空间模型与代数符号联系起来,甚至可能学习如何处理这种符号表示法的步骤,以此来提供该定理的形式证明。她将学会如何将勾股定理应用于密切相关的问题解决上,甚至可以学到如何将概括性更大的概念迁移到其他情境中。

场景二:小敏正在训练自己的吉他技能,但她的动机与小红的动机截然不同。演奏乐器之初,她期望自己能够边弹边唱。经过几年的经验积累之后,她已经开始对学习更复杂的弹奏技巧感兴趣,比如,使用新的和弦进行弹奏,挑选演奏风格,创作自己的音乐作品。她采用了动作学习,以精进她的指尖技能;她使用知觉学习,结合听觉、观察练习和严格管控。通过个性化的课程以及口头教学与样例教学,加之相应的努力,她的演奏水平和边弹边唱的技能得到了很大提升。

上述场景让人们了解到学习中所涉及的各项功能及过程,说明了学习的复杂性,即使是在应对并不复杂的挑战时也不例外。相关的重要因素包括情境、影响学习者动机和策略的各类因素,以及学习者可以自行选择其问题解决的策略和流程范围。

有许多类型的学习,正如上述场景,它们通常协同运作。在本节中,人们没有提供关于学习类型的全面分类,而是选择了几种重要的学习类型加以描述,这是为了使读者熟悉学习的范围以及学习内容的多样性和动态性。人们从被视作"知识精益"转向更复杂的"知识丰富"的学习形式,如由习惯和模式的学习到推理学习。后者可能是内隐的,发生在学习者有意识的觉知之外,不需要过多的言语介入。更外显的学习类型则包含运用模型的学习和学习者有意执行的学习。

对学习类型的研究通常在实验室环境中进行,在此期间要尽量简化学习任务并"消除"反映特定背景中细微差别的额外变量。通常,这些研究的参与者带有一定的地域文化印记,这可能会使得研究结果未必能够完全适用于生活在不同文化背景中的学习者。学习情况几乎总是涉及多个学习过程,并总是受背景和学习者自身特征及偏好的影响。

一、学习习惯的形成与条件作用

习惯可能是有益的,也可能是有害的。主体可以意识到自己的习惯,并刻意地强化或改变这些习惯,但是习惯的建立和去除通常都是逐渐且无意识地发生的。习惯更倾向于自我强化,因为习惯达到某种短期目标后就相对自动地起作用。

渐进学习和改掉习惯均遵循条件作用原理,这是一种无意识的学习形式,当特定的和熟悉的情景线索或触发因素出现时,个体就会自动调整自己的决定和行为。如果这些决定和行为发生之后立即受到奖赏,则该决定或行为可以得到强化。例如,当检查家庭作业的习惯使其发现了一个粗心大意的错误的时候,奖赏可以是外部的,也可以由学习者的内部产生,就像学吉他的小敏认识到自己的演奏有所改善,是因为自己已经养成了每天睡前练习的习惯。

奖赏的概率和时间频率也很重要。例如,小敏在开始定时练习后可能不会立即改善演奏水平,她可能会在获得奖赏之前放弃。可以认为,如果行为总是得到奖赏,则习惯会变得最强(如当小敏的进步稳定持续时),但可预见的奖赏实际上也会降低习惯的持久性。即当坏习惯偶尔得到间歇性的奖赏时,它们往往更难以消除;而当一个人认为奖赏理所应当时,则好习惯所带来的益处也似乎不那么明显了。例如,如果孩子发脾气的行为偶尔会因父母的"妥协"而获得"奖赏"的话,那么发脾气的不良习惯可能会难以消除。

人们通常认为自己能够理性地控制自己的行为并且能够按照自己的意愿行事,因为他们做出了有意识的决定。然而,由习惯驱动的行为是普遍存在的,这表明人们的许多行为都没有经过有意识的筛选,常常只是始于无意识地决定参与这些活动,即始于个体完全意识到习惯正在形成之前。这意味着形成一个新的良好习惯,最初可能需要努力以及强意志力的参与。

有些学生还没有成功养成良好的学习习惯,如集中注意力倾听等,人们就极易对这些学生产生不耐烦的情绪,而急于对他们做出不努力学习的定论。这些学习习惯最初都需要付诸意志努力,并随着时间的推移才会显现成效,然而一旦获得,这些学习习惯便可以成为学习者的第二天性,这有助于他们将注意力用于任务中认知要求更高的其他方面。

有许多方法可以培养习惯,例如巴普洛夫的经典条件作用。每当给狗喂食的时候,巴普洛夫都播放铃声。不久后,狗一听到铃声就会分泌唾液,即使没有食物也同样如此。从唾液有助于食物消化的意义上说,诸如此类的经典条件作用也可以被视为适应环境的一种形式。

虽然条件作用可以被看作一种适应性学习的过程,但有时也会导致不良后果,如对化疗药物有呕吐反应的癌症患者,只要想起该药物或者食用治疗前吃过的某种食物就可能开始感到恶心。条件性学习对生存和适应来说是非常基本的,它不仅仅局限于心理过程,还包括身体过程的适应模式。例如,有研究证据表明,免疫系统会受到经典条件作用的影响,其反应可以作为一种味觉刺激的反应得到增强或抑制。这项成果产生了一个新的跨学科领域,即心理神经免疫学(psychoneuroimmunology),它探索使用免疫系统的条件作用来抵抗疾病的可能性。对于人们的目的,它强调学习是人类和所有动物都共同拥有的一种基本属性。不仅人们的心理会受经验的形塑,人们的身体也同样如此。

二、观察学习

班杜拉(Bandura)提出,人们会通过观察和模仿他人的行为、态度或情绪表达来学习。动物有一种形成某种关联的强烈内在倾向,例如,在闻到食物的味道和随后的胃痛反应之间形成关联。通过观察学习可以让学习者在他的本领中添加新的行为,同时最大限度地降低"尝试-错误"学习的成本,而且这一过程通常可以在没有任何明确反馈的情况下持续进行。

观察学习是一项复杂技能,需要高级认知能力用于模仿、诠释及推理,要求学习者观察可能不会立即展现出效果的事物(如态度或者做事的方法),并弄清楚如何重现自己所观察到的内容。例如,小敏很可能会在老师的演奏中,通过仔细观察和聆听来学习如何改善自己吉他演奏的各个方面,即使她和老师都无法用言语来精确地描绘出她正在学习的各个方面。

学习者所处的社会环境与他们通过观察来学习的倾向之间有着重要联系。

如观察学习和社会榜样在学习和动机中的作用。研究人员发现,学习者不仅要注意示范行为的关键要素,记住并复演他们所观察到的内容,还要忽略与所学行为或技能不相关的特征,才能使得榜样示范成为一种成功的学习方法。

各种各样的因素都可能影响观察学习。但是,长期以来,人们已经可以很容易地从别人那里得到行为举止的提示,特别是来自教师或父母等权威人士以及同伴的提示。同伴观察是针对社会相关人员的行为标准,是通过观察同伴的实际行为而获得的描述性规范(descriptive norms)信息的关键来源。而指令性规范(injunctive norms)描述了人们应有的行为举止准则,传统上是由上级部门所提供的。二者都有助于社会环境中的学习,描述性规范尤其会影响学习。例如,当人们看到有很多人在闯红灯时更容易跟着一起做,即使他们知道闯红灯是违反交通规则的。像"虽然很多人闯红灯,但请不要成为其中之一"之类的标语,可能会产生助长闯红灯的逆反效果,因为它提出了一种描述性规范,即闯红灯通常是可以被容忍的。老师和家长们经常感叹,学生似乎更关注同龄人的所作所为,而不是更权威的声音给出的建议。不过,这种使用描述性规范的倾向已经被"同伴学习"方法所利用,即鼓励学习者互相交流并互相指导。对描述性规范的理解,凸显了建立促进高质量同伴学习的课堂文化的必要性,特别是通过描述性规范来建立这种课堂文化。

实证研究还说明了观察学习中的文化差异。例如,研究者首先向其中一个孩子展示了如何组装一个新玩具,而另一个孩子独自在附近完成类似的任务且并未得到明确指导。接下来,研究者要求第二个孩子完成结构化教学情境中的任务。研究者发现,起先独自完成类似任务的孩子可以通过观察另外一个孩子而学习。他们还指出,儿童的观察学习是不同的,这取决于他们的文化社群以及他们接受西方学校教育的程度。例如,玛雅儿童更有可能在另一个孩子接受指导时专注地观察,而美国儿童以及更多地接触西方教育的玛雅儿童,则更有可能专注于他们自己的任务而不是去观察他人。在等待期间习得最多的孩子通常来自玛雅传统习俗最为典型的家庭。

三、内隐学习

内隐模式学习(implicit pattern learning),也称为统计学习(statistical learning),是指人们对复杂规则知识的无意识获取,个体在无意识状态下自动习得知识并指导个体的行为选择。这种类型的学习需要长时间接触一种模式,从而足以无意识地识别出规则性,且无须投注有意识的注意与反思,这种规则往往出现在不规则的情境中。在不同物种(species)以及人类不同年龄群体中均观察到统计学习的存在,这种学习与智商无关,甚至婴儿也具有统计学习的能力。在 1996 年的一项研究中,研究人员向 8 个月大的婴儿连续呈现 2 分钟的单调语音,这些语音是随机的,除了对三个音节(如"br da-ku")组成的几个无意义单词采用了重复模式,尽管这些单词之间没有间隙,但婴儿在这种随机语音之后表现出一种新奇的偏好,相较于已经听到过的无意义单词,他们会花更长的时间去听新的无意义单词。

没有反馈的学习模式通常需要对环境有长时间的体验且渐进地发生。以这种方式学习到的规律可能不容易用言语表达,因为它们并不是经由明确的假设检验或测试而得到的结果。例如,学习者是如何在没有教师或家长提供反馈的情况下从环境中提取模式的? 在这个环境中,如果有 80 个大小和颜色不同的圆点分布于不同的区域,即使没有对这些圆点进行分类或标记,学习者也会将它们自主分成四个模块。现实世界的许多分类模式都是这样的。例如,具有在树中筑巢、产卵(产蛋)、飞行、鸣叫和以昆虫为食等的相关属性的生物被划分为鸟类。其他种类的生物,如蛇和鱼就具有和上述动物不同的相关属性。学习者常常通过不断观察,来认识事物的属性,以对其作出类别上的界定。例如,如果一种动物既有蛇的嘶嘶声和鳞片,又有鸟的啁啾声和羽毛,那是不可能存在的。

四、知觉动作学习

知觉动作学习是指个体主要通过感官体验的方式来学习技能。这种类型的学习可以在学习者无法用言语表达学习情况时进行,不过,这是一种有意追求的学习,如学会听辨大小和弦之间的差异,练习高尔夫球挥杆的动作技能等。通过这种方式学到的技能,将在个体后续的数年或数十年的实践中逐渐沉淀并不断增加。不同的训练方式方法可以加速技能训练的进程,但进步本身是由长期的练习而不是明确的教导带来的。

运动学习,比如学习如何游泳、骑自行车,通常都是特定、具体的。也就是说,如果一个学会弹吉他的人被要求切换按弦和弹奏的手,他或许将会突然退回到几近于新手的懵懂水平。这种高度的特异性与大脑区域的变化程度有关,物体呈现后,脑的相关区域会迅速激活并且专门用于知觉。人们很容易忘记自己的知觉和行为是如何被经验显著地改变的,因为一旦这些知觉和行为模式发生了改变,个体就不再能够调动起早期的知觉内容。

个体通过其感官从世界中接收信息进而学习,但同样这些感官也因学习发生改变。知觉动作学习可以使个体的知觉系统发生出人意料的强烈变化,麦科洛效应(Macollough effect,也称"麦科洛后效")就证明了短暂地接触某些物体会对其他物体的后续体验产生相对持久的影响。知觉动作学习在学业知识发展的过程中也会发挥重要作用。它不仅支持阅读中视觉辨别字母的能力,还支持所谓的"专业眼光",例如,按照考古学所用的训练方式可以改变对探究对象的知觉组织加工,比如挖掘现场所发现的泥土的纹理和色泽。

通过组织教学体验,可能可以最大限度地提高学生利用知觉学习的能力。凯尔曼(Kellman)及其同事开发了简短的在线学习模块,以此支持数学中的知觉学习。使用这些学习模块的学生需要对 120 个问题作出快速回答。例如,他们必须从数字相同但符号不同的算式中选取一个(如"3X＋5"还是"－3x＋5")与所给的图像配对,或者从三个图像中选取一个与所给的等式匹配,通过研究近似的对照组创造对比的情形,帮助人们学会感知的特征。在学生选择答案之后,只为其提供正确的答案选项而不作出解释,目的是让学生看到正确答案的结构,而不是去解释它。结果表明,即使他们之前已经学完了代数内容,在完成了该模块后的十二年级(相当于中国高三年级)的学生对图像和方程的转换能力还是增高了近三倍。

五、事实学习

人类有许多理由去有意或无意地学习事实与信息,只需为学习者呈现一次某个惊人的事实。例如,人类和树袋熊的指纹非常相似,尽管学习者很可能忘记自己是在何时何地习得这一事实的,但这一有趣的事实足以让其记住并在随后回忆起它。

虽然事实学习看起来很枯燥,而且给学习者带来的用途也相当有限,但与其他动物相比,事实学习却是人类最擅长的一种学习。事实学习允许教育工作者通过语言的力量有效地向学习者传递信息。例如,一位自然主义者告诉徒步旅行者,吃了毒蝇蕈后可能造成不良后果,其效果远高于直接让登山者通过体验来学到这个事实。

尽管一个事实可以通过一次接触或者被告知而习得,但这种看似直接且高效的传播方式常常是误导性的。事实是如果没有大量的知识储备,学习者很少能从一个示例说明中习得,也很少能仅通过一个例子就可以学会概括性的知识。例如,徒步旅行者需掌握足够多的关于毒药和毒蘑菇的知识,才能理解毒蝇蕈的信息。此外,大量关于记忆的研究表明,重复检索事实的过程可以增强记忆力,特别是在不同时间、地点及不同学习情境下的检索更有助于记忆。

当学习者精心地将新信息与其已有的其他知识相联系,学习效果就会得到提高。人们可能只是试图记住克里斯托弗·哥伦布(Christopher Columbus)出生于1451年,或者可能将这一事实与其他事实联系起来,例如,东罗马帝国(拜占庭)在哥伦布出生两年后(1453年君士坦丁堡沦陷)便开始衰落,这个联系就同时为两个事件增加了意义。将需要记住的事项加以组织并归入相关的组别中,人们会更容易记住它们,因为这样就将信息形成了强烈的心理图像。这表明了相比于孤立或断连的事实,置于丰富信息结构中的事实更容易被记住。

六、学习类型的整合

大多数学习经历都会涉及多种类型的学习。例如,团队会通过观察、反馈、事实、规则和模型以及其他可能的类型的学习来进行协作学习和问题解决,以共同产生学习结果。与此同时,很多研究支持不同情境和教学策略促进不同类型学习的原则。在教师或学习者能够设计一个理想的学习环境之前,他们必须决定自己想要达成什么样的学习。例如,促进对特定事实的记忆需要不同的学习经历,而不仅是促使知识迁移到新情境中。不同时间进行多次练习;通过练习检索存储的信息,而不是重新学一遍信息;让学习者在不同场景中接触信息等都是专注于改善记忆的做法。而专注于让知识向新情境迁移的做法包括:比较或对比有关概念的多个实例;让学生反思已经发现或尚未发现某个现象的原因;花时间发展出强有力的模型,而非仅是复述教授所讲授的内容。

第二节 学习与脑的一生发展

胎儿时期,脑的特点是新的神经元、突触和有髓神经纤维,均以惊人的速度迅速形成,其结果是胎儿脑中的结构元素超过其自身的需要。这种发育持续到出生后:个体在学龄前期,其脑的体积大小相较过去增加了四倍,到6岁时大约能达到成人脑体积的90%。这种从儿童早期开始,持续到青春期的生长爆发特性,是脑内神经元(灰质)突触联结的急剧增加与神经纤维(白质)髓鞘化的结果。尽管这种旺盛的生长一直在持续,但神经元和神经突触也会被修剪,这一过程将一直持续到个体青春期后。这种神经修剪以一种特定的方式发生:不断使用的神经突触被保留下来,而未使用的神经突触将被消除,由此改善个体脑内部的"联网"能力和皮层传递信息的效率。由于这种突触修剪会受环境因素的影响，儿童发育过程中的经验决定了哪些突触会得以增强而哪些不会，这就为其将来的发展和学习奠定了重要的基础。"强化某些联结"和"修剪其他联结"两者之间的平衡可以促进大脑的健康发展。

一、发展中的关键期和敏感期

威塞尔（Wiesel）和休贝尔（Hubel）的视觉研究有助于定义和区分早期认知发展的关键期和敏感期的不同概念。这些研究将发展的关键期定义为脑需要某些环境刺激来组织其生理发展的时期。最著名的例子是个体视力的发展：在婴儿期的某些时段，个体若始终没有发展视力的机会，那么其大脑中的视觉区域将永远是受损的。敏感期与关键期相似，但时间点相较而言是不固定的。例如，人们认为在婴儿早期和蹒跚学步时期与看护者的依恋关系，以及早期接触语言对健康脑发育至关重要。发展中健康的依恋关系和良好的语言环境都必不可少，但是其时间界限以及剥夺和后来的弥补带来的效果都没有那么明确。

在关键期和敏感期里的中断（如不充分或不适当的刺激），将导致其生命后期难以（甚至无能力）在受影响的领域中进行信息加工处理。这进一步证明了高质量幼儿教育的重要性。

敏感期也可能与消极结果相关。例如，对具有与人类精神分裂症相类似的精神障碍遗传易感性的老鼠的研究一致表明，青春期接触酒精会大大增加成年期酗酒的风险，并且这种影响会因社交孤立的情况而有所加剧，增加了发生该病症的风险。由于伦理因素，虽然无法在人类中进行相关因果实验的探索，但证据有力地表明，人类同样存在这种青春期的敏感，即那些在青春期便开始饮酒的人，更有可能在将来的生活中滥用药物，而且对于精神疾病易感人群，青春期社交孤立和药物滥用都有可能是这类消极结果的诱因。

环境刺激和训练可以影响整个生命周期的脑发育。大脑皮层和皮层下信号回路的神经组织也形成于这一时期，它们被集成到具有类似功能的脑部网络中，即随着学习者习得新知识，皮层中的不同区域也为这些功能产生特异性。这一过程被称为经验依赖性学习（experience-dependent learning）。这些结构和相关脑回路是构成复杂认知和社会情绪功能（诸如学习和记忆、自我调节和控制以及社会联结等）的神经系统的基础。

从生命的第四个十年开始，大脑皮层厚度和连通性将发生变化，这似乎是常见的成年人衰老过程中认知能力减退的开始。在支持学习的脑部相对整个生理特征趋于稳定的一段时期之后,这些变化就出现了。研究显示,与40岁以下健康青年组的脑数据相比,健康中年组(40~60岁)的数据中呈现出较低的脑皮层厚度,但目前尚不清楚这是否与其脑内组织的减少有关。

二、整个生命周期中脑与学习相关的变化证据

儿童早期到青春期这段时间会发生急剧脑重组,但要将发展神经科学和人类行为研究直接与教学实践及教育政策联系起来很复杂。不过,教育工作者或许可以利用一些发展神经科学的发现来改善教学实践。例如,研究表明,中学生可以受益于利用特定能力(诸如多任务执行和计划,自我意识和社会认知技能)的教学,这些能力是由青春期经历最大变化的脑区来控制的。

儿童大脑皮质成熟的顺序似乎与其发展中的转折点相对应,即运动和感觉系统最先成熟起来,并反映在个体的行为上。青春期前有一段脑皮层增厚的时期(即神经元数量增加并使灰质密度增加),青春期后有一段脑皮层变薄的时期。一般而言,机会(包括学习机会)和心智习惯直接影响大脑的连通性。目前发展神经科学主要集中在了解脑的通信和调节网络是如何形成和维护的,以及它们是如何随着个体年龄和经验的变化而产生微妙的变化。例如,就人类而言,具有特定社会价值和相互作用的文化体验,即社会性参与和认知活动,塑造了与社会情绪与认知加工相关联的关键脑网络,甚至可以帮助老年人保持脑和心智的健康。

脑是如何在整个生命过程中发展的?首先,个体的脑发育过程持续而长久,到三岁以后,甚至到生命的第二个十年乃至更久,覆盖大多数人在学校接受正式教育的整个时期。同时,大量研究表明,脑结构的持续性变化是基于学习和经验的作用,并且这会持续到老年期。

随着人们对知识的获取,他们的脑结构、脑活动都发生了重大变化,这些脑变化使得人们的加工速度得到显著提升,从而更好地使用习得的新知识。许多研究表明,学习和脑发展之间存在相互促进的双向的关系。与非专家相比,特定学科(如体育或音乐)的专家,他们的大脑灰质(包含神经元)和白质(包含神经元与其他神经元的联结)的密度都有所增加,此类变化似乎与长期的训练有关。研究人员招募了一批原先不知道如何玩杂耍的人作为被试,这些被试中的一半人参加了为期6周的杂耍课程,另一半人则没有参加。被试训练前后的大脑结构区别,与其训练后所获进展或表现水平无显著相关,这表明这些脑区域的变化可能与培训所花费的时间或付出的努力有关,而不与训练达到的结果

有关。

脑发展会限制和支持行为和学习，而学习机会反过来又会如何影响脑发展呢？对老鼠的研究表明，即使在成年老鼠中也可观察到环境丰富性的影响作用，并且在成年老鼠返回到刺激较少的环境后，这些影响仍然存在。大多数关于学习机会对脑结构变化影响的研究都是在啮齿类动物中进行的。因为对人类进行此类研究显然更具挑战。不过，对人类的有限研究也显示了类似结果。为了检验经验贫乏（即缺乏学习机会）如何影响个体的脑发展（因而影响学习），研究人员研究了福利院儿童早期经验剥夺的影响。神经影像学研究表明，早期剥夺特定种类（语言、感知觉等）的学习机会，会导致相关个体整体脑容量（灰质和白质）和脑电活动水平的降低。不过，研究还发现，在剥夺环境中成长的孩子，如果在 2 岁前能够被置于高质量的抚养环境中，他们的智商会显著提高。

虽然脑结构的变化与整个生命周期的学习没有直接关系，但人们应注意这项研究的几个关键信息：首先，尽管人脑能够在整个生命周期内持续地改变和活动，但早期的环境影响为后续的学习和发展奠定了神经基础。其次，并非所有与年龄相关的脑结构变化都与年龄呈线性关系。许多与年龄相关的结构变化是一种逐渐的效应，发生在整个中年到老年时期。人们也注意到，脑结构中与年龄相关的变化不会同等的影响所有脑区：脑的某些区域和网络受年龄的影响会比其他区域和网络更大。最后，虽然大脑皮层的厚度、质量和连通性确实随着年龄的增长而降低，但是老年人会通过征用不同的或额外的神经机制来弥补某些能力的下降。神经可塑性是指脑在整个生命期内根据环境、个体行为、思维和情绪进行的生理和功能上重组的能力——实际上通俗地称为"智慧"（wisdom），它可以部分解释老年人如何进行神经机制的补偿。比较年轻人和老年人在任务表现期间神经活动的最早研究，同样也发现老年人在执行任务时所调用的脑区不同于年轻人。事实上，老年人脑中一些区域的活动水平会有所下降，而其他区域的活动水平却有所升高。

第三节　学 习 障 碍

在儿童阶段，学习障碍儿童是特殊教育儿童中占比最大的一类。而对于成年人的学习障碍的定义众说纷纭，尚未有一致的说法，也没有对学习障碍的成年人有确切的估计数值。

学习障碍也叫学习困难，被定义为"人们在学业成绩和相关学习领域所表现出的未料想的明显困难和对高质量教学未作出反应的行为",而且,他们的困难"不能归于医学、教育、环境或精神病学的原因",这种障碍并不是教学不佳导致的,而是由特定的心理加工问题引起的;生物学基础上的神经系统的低效会影响特定任务的表现,如听、说、读、写、推理、数学等能力的获得和使用。学习障碍不是学习机会不足、一般智力或显著的身体障碍、情绪、环境等方面的原因造成的,而是特定的心理过程的基础性异常的结果,如无法记住声音和字母之间的关联。学习障碍并不体现在学习的所有方面,个体的心理加工缺陷只会抑制学业行为的有限方面。

最常见的学习障碍有阅读障碍、数学障碍和书面表达障碍等类型。阅读障碍是最普遍且容易识别的学习障碍类型,主要是因为患者难以将语音与字母、单词进行关联。有阅读障碍的个体也可能有其他注意力、语言和行为上的异常,但每一种障碍影响学习的方式各有不同。虽然学习障碍具有某些共同特征,但受其影响的个体之间存在很大差异。下面我们将重点探讨学习障碍的原因以及不同年龄阶段的被研究者重点关注的两个学习障碍子类型:阅读障碍和数学障碍。

一、造成学习障碍的原因

研究者在查找学习困难的原因时,从人类大脑出发,并在一些典型的障碍映射到大脑特定区域和结构方面取得了很大的进展,不过这些基于脑的异常的具体属性仍未得到完整的解释。源于大脑结构和功能的神经学差异的学习障碍影响着人们接收、存储、处理、检索或传递信息的能力。此外,一些研究证明,某些学习障碍具有遗传性。

除了遗传因素的影响,学习障碍也可能是在出生前或出生时正在发育的大脑受到伤害而导致的。例如,母亲患有严重疾病或受到伤害,孕期吸毒或酗酒,产妇营养不良,婴儿出生时体重偏低、缺氧,以及早产或滞产。在出生后,造成学习障碍的原因包括创伤性损伤、严重营养缺乏或接触有毒有害物质。

需要加以强调的是,视觉、听觉或动作障碍、智力障碍、情绪波动、文化因素、有限英语水平、环境或经济劣势,或者不充分的教学等造成的学习困难就不属于学习障碍。比如,2014年的一篇报告指出,生活贫困的人们发生学习障碍的概率较高,可能是因为营养不良、摄入和接触环境毒质的风险增加,以及在发育早期和重要阶段遭遇其他风险因素的概率较高。鉴于学习受一系列环境和个体变量的复杂影响,学习障碍将可能影响学习者一生的成长。

1. 阅读障碍

现有的数据还不能对学习障碍的类型作出划分，人们很难确切地知道有多少儿童和青少年遭受阅读障碍的困扰。虽然没有针对这类障碍的群体研究，但是在一些个体研究中，研究者将阅读障碍分为三种类型：① 单词识别和拼写方面的问题；② 阅读理解上的困难；③ 阅读流畅性和单词阅读自动节律性差等困难。人们还发现有阅读问题的儿童样本中大约有 10% 存在阅读理解困难。

研究表明，言语能力的基础性缺陷出现于 5～18 岁之间。这些发现与神经学研究结果相一致，神经学研究发现，某些脑区的不活跃与言语任务中的认知表现较差相关。由于大多数阅读障碍的神经影像学研究是针对有多年阅读障碍的儿童或成人进行的，因此无法确定脑差异究竟是与潜在的神经生物学原因有关，还是与多年来阅读经历的改变且常常是大幅减少有关。然而，各种研究支持的结论是：脑生理基础可解释一些阅读障碍。

2. 数学障碍

数学障碍是一种很常见的学习障碍，但对它的研究不如阅读障碍那么全面。而有些儿童会同时存在这两种障碍，这也说明，某种类似的认知障碍可以在两个领域中同时起作用。与其他学习障碍类似，那些特别影响数学学习的障碍来自生物学层面的神经发育异常。查找相关的文献，我们不难发现，研究中识别了三种不同类型的数学障碍儿童：第一类儿童无法从长期记忆中提取基本事实，且回忆信息时的错误率很高。他们的障碍在于语义记忆缺陷。此外，这类回忆缺陷的特征表明，这类儿童不仅发育很迟缓，而且这种认知障碍在较长的年龄段内持续保持。第二类儿童出现程序上的数学障碍，通常情况下，他们只会使用发展不成熟的程序步骤做数值计算，难以对一个复杂程序的多个步骤进行排序。第三类儿童面临的是视觉或空间上的数字障碍。他们难以对分布在空间中的数字信息进行表征运动。

3. 成年人的学习障碍

到目前为止，尚不清楚有多少成年人有阅读障碍和数学障碍，也没有一些科学方法可以帮助评价和计算成年人在读写或教学技能方面的障碍。但保守估计，有阅读障碍的成年人大约占总人口的 3%～5%。

由于对成年人阅读障碍的研究很有限，关于成年人数学障碍的研究更寥寥无几，目前尚不清楚有阅读障碍的成年人是否类似儿童一般存在认知缺陷；或者成年人的认知缺陷是否由其他因素导致，比如他们的一般智力水平比正常成年人较低。在这一系列问题上,斯旺森(Swanson)及其同事综合分析了许多研究,这些研究将有阅读障碍的成年人与中等阅读水平的成年人进行了比较,以寻找两者在整体阅读能力上的不同。结果发现,两者在阅读理解、阅读识别、言语智力、命名速度、语音意识和言语记忆方面确实存在差异。

对有学习障碍的成年人受到了何种社会影响以及其他影响的研究也很少。现有的研究主要集中在学习者经历的中学教育到参加工作的过渡阶段。研究发现,有学习障碍的成年人在高等教育阶段辍学的风险更大,且高等教育入学率比正常同龄人低,成绩更差,工作机会受限制,收入也更低。

4. 成年人的读写能力

在一项关于 22 个国家和地区开展的研究中,美国成年人在当今科技时代的读写能力、计算能力和问题解决能力的得分低于世界平均水平,且超过5 000 万的成年人在找工作时缺乏足够的阅读水平,但这些成年人中只有约 4% 的人报名参加了联邦政府资助的成人教育项目以提升技能。即使成年人参加了教育读写项目也面临许多困阻,如资金不足、教师和导师的专业发展有限、缺勤率和退学率高,并且成年人在种族、族裔、性别认同、年龄以及就业、教育、语言状况等诸多方面存在着多样性。

成年学习者难以在同时肩负工作和家庭责任之时参与面授课程,因此为他们提供教育机会的同时提供教育工具——技术,是如此重要。技术的应用不仅更容易为成年学习者提供定制的培训,也能适应不同学习者的不同技能和阅读水平。这种适应性的智能化辅导项目可以满足学习者的各种需求,为他们提供各种技能的学习,在线项目允许成人学习者在任何场所进行学习。技术还可用于开发激励学习者的环境,例如,社交媒体平台、具有智能会话代理的计算机系统,以及针对成人特定兴趣的基于网络的读物库。此外,需要关注的是,如果对成年人读写能力进行干预、使其提高,需要考虑许多因素。另外,非常重要的是,要考虑潜在参与者的动机、情感、兴趣和社会生活,保证在干预中使用的材料对他们的生活有实用价值。

二、干预措施

由于有学习障碍的成年人和儿童是一个多样化的群体,通常没有一个统一的教学模式可以帮助所有人。但有几项分析调查了关于儿童的数学、写作、阅读等领域的教学干预。这些研究结果表明,有学习障碍的儿童通常更喜欢精度教学方式。例如,对照实验研究显示,在使用特定模型进行精度教学后,学生的成绩有较大的改善。这些干预措施包括:① 深入地讲解少量概念和策略,而不是泛泛涉及;② 教学生如何进行自我监督;③ 告诉他们何时何处使用策略,从而加强概括能力;④ 将策略教学作为现有课程的一部分;⑤ 为所监管的学生提供反馈和练习机会。结果表明,为学生提供明确的步骤练习、详细的描述以及策略提示,这样清晰的策略指导和小组互动能促进学习障碍的治疗。但能否将这种精细教学运用于成年人群体还有待进一步研究。因为缺少相关研究,人们不能确定成年学习障碍群体是否与儿童的认知缺陷存在相似之处。此外,研究者还发现,在希腊、德国等拼写规约较为简单易懂的国家,阅读困难的发生率较低。因此,在有利的环境和适当的支持下,有学习障碍和精神疾病的学生同样可以取得成功。

因为学习困难儿童与其他障碍儿童不同,这向教育者提出了与众不同的挑战。面对新问题的出现,许多国家的学者、教师都在积极地探寻挽救学习困难儿童的教育策略。教育对策主要从两方面进行:对学习困难儿童本身的训练和教育环境的改变策略。美国学者也赛迪克(Yesadic)和索尔维亚(Solvia)于1974年在一篇论文中描述了两种对学习困难儿童的教学挽救模式:能力训练和技能训练。能力训练最流行的是心理语言训练、视听觉训练、感知运动训练和多重感觉训练等。技能训练分为四个步骤:由训练者对所要训练的特殊技能给出操作定义——进行任务分解——进行教学指导——实施日常测量。国内一项研究实验也表明教师应引导学习困难学生由被动学习转向主动学习,激发学生自己的学习动机和培养学习兴趣,从而掌握学习方法和技能。此外,国外专门针对学习困难学生的教育对策研究提出,教育环境的改变策略应该首先从学习困难的界定和诊断标准的规范和统一做起。再者重视学生的个体教育计划,提供多层次的教育安置,将教育环境根据学生情况分为普通班级、资源教室、分离班级、分离学校、看护机构、居留在家或医院六种,较为针对性地为学生创造最适宜的教育环境,最大限度发挥各种教育因素的积极作用。此外在教学中运用多样化的教学模式,适用于不同年龄和不同类型的学习困难学生。美国学校对学习困难学生所采用的教学对策涵盖了学习困难学生的所有需要。这些对策对于推进我国中小学教育,尤其是特殊教育工作的改革和发展具有十分重要的借鉴意义。

第四节　儿童的第二语言学习

"第二语言"一直是外语教学领域的研究热点。"第二语言"是指除母语之外学习的第二种语言。在研究初期时,儿童的"第二语言"是在学习母语的基础上提出的。由于母语的习得是自然发生的,早期研究人员称之为自然法(the natural way)。研究人员发现,儿童有语言习得的天赋,在任何环境中都能在这种环境中轻松习得语言。那么,儿童是如何成为语言大师的?虽然他们所接受的语言在一定程度上受到限制,但他们并没有刻意被教授如何学习语言,他们和成年人(通常是父母)之间的语言交流是处于一个现实的状态。他们使用语言的能力是基于在环境中听到他人的交流和与他人各种无意识的交流,就是在不知不觉中产生了语言。他们通过"自然吸收"来掌握语言。

一、语言学习的生理基础

人们常说,儿童天生就是语言学习者,儿童处于语言学习的敏感期,对于语言的掌握速度飞快,这都是因为儿童的大脑决定了儿童学习语言的速度。成年后的人们大脑被"单侧化",分左右半脑并且有固定的功能分区,负责各自领域的工作。相反,儿童的大脑还未产生明显分区,此时具有很强的可塑性。要理解第二语言的学习规律和发生发展机制,首先需要探明脑与第二语言学习之间的关系。近年来,随着功能性磁共振成像(fMRI)、脑磁图(MEG)等脑成像技术在心理学和认知神经科学领域的广泛使用,脑与第二语言学习的研究取得了许多重要的进展。对第二语言学习的脑机制及影响因素、母语和第二语言学习的相互作用、第二语言学习的个体差异、第二语言学习对其他认知能力的影响、第二语言学习的有效促进方式等关键问题有了更为全面的认识。

研究表明,儿童的语言获得是基于脑细胞之间的联系。例如,听到单词"book",负责接收声音信息的脑细胞会立刻与负责图像的脑细胞建立联系,随之浮现有关图书的图像,以便他们能够理解语言。之所以说儿童的大脑具有很强的可塑性,是因为在语言加工过程中,儿童的大脑中可以连接的细胞数量变得越来越多,越来越活跃,将习得的语言直接储存在大脑的"语言区",因此儿童比成人更容易习得一门语言。研究表明,当儿童在 5 岁之前学习第二语言时,第二语言存储在与母语相同的大脑区域。对于在 11 岁之后学习外语的儿童和成人来说,左右脑已经明确分区,负责两个不同语言的空间在工作时是分开的,明确区分了两个不同的语言区域。当使用一种语言时,该语言的语言范围处于活动状态,而另一种语言的语言范围处于关闭状态。从 10 岁开始学习外语的人,除了使用语言空间外,还使用大脑的其他部分。这意味着儿童时期学习外语最有可能与母语具有相同的功能,并且最接近母语。为什么儿童的大脑最适合学习语言?人们也可以用进化论来解释。人们的祖先迫切需要学习语言,以便同伴之间可以相互交流,更有效地传递经验。此时大脑中的一切都是为了学习语言。在青春期,需要达到的语言学习已经完成,没有必要将有限的脑容量分配给语言学习,因为现阶段掌握的语言水平也足以沟通,所以大脑将大部分功能分配给此时需要大量脑力的逻辑训练。

二、第二语言的学习方式

儿童在学习英语时应该重视"习得",这也是因为儿童在学习方法上倾向于"内隐"学习方法。第二语言习得理论将语言技能分为显性知识和隐性知识。显性知识是指"知识是什么"(knowing what),一般是人们从课本上学到的知识。隐性知识是指"知道怎么做"(knowing how),一般是指经验和技能,如自行车和游泳。显性知识和隐性知识的区别在于:

① 它们在大脑中的储存区域不同。也就是说,大脑的不同区域对于语言的认知和使用是不同的,不同的区域分管不同的功能。

② 显性知识(如外语语法)的处理需要努力,而隐性知识的处理是自动的。

③ 显性知识是有意识的主动学习;隐性知识是一种无意识、自动获得经验的过程。"学习"取决于毅力和自律。人们应该"努力学习,每天进步";而"习得"并不取决于耐力,它会无意识地发生。

④ 隐性知识不受智力的影响。显性知识恰恰相反:例如,只有具备高级语言分析技能的成人学习者在学习第二语言时才能达到母语人士的水平。如果你很早就掌握了一门外语,你就不需要高智商!但是如果你学习晚了或者学习方法不对,你仍然需要花费更多的精力,依靠智商才能基本掌握外语。

父母需要知道的是,儿童在对语言进行学习的时候,更多使用的是隐性知识,接受环境中语言环境的熏陶,有着很强的隐性学习能力。比如,儿童刚开始学习说话的时候,并没有完全掌握语法结构,其表达大多是电报句或者是短句,但是儿童对语言的学习是一种与生俱来的能力,儿童可以自动识别如何正确使用语言,并根据与他人交往的情境使用正确的语言。另外,儿童不具备分析语法的能力,只能将语言作为一个整体储存在大脑中,加快大脑的加工和处理速度,以准确地使用语言。到了青春期,人们渐渐失去了使用内隐机制去学习语言的能力,大脑更多关注现行知识的吸收,注重语言语法的掌握和使用,隐性机制也随之减弱,学习语言会出现困难。成年人学习外语,更多注重常规问题的解决和逻辑处理,显性知识输入的成分占主导,因此,这时的语言学习需要更多的专注力,减慢了学习速度,学习语言的难度大大增加。除了语法成分,语言学习还包括了语言的发音,而成年人的口音基本固定成型,导致大多数成年人不能准确发音,进而又加大了成年人语言学习的难度。因此,在外语教学过程中,教师应为儿童提供自然真实的语言输入,使得儿童可以通过课堂和生活中的语言接触潜移默化地习得外语;而成人的语言教学应该更加明确,系统地讲解构词规则、词语搭配、语法等知识,鼓励成人系统地学习语言。

三、认知发展的促进

学习第二语言除了能多掌握一门用于交流的语言之外,还能促进其他认知能力的发展。

研究发现,与单语环境相比,双语环境下成长的婴幼儿表现出更强的认知灵活性。在成人当中也不难发现,双语者通常比单语者表现出更强的抑制能力和任务转换能力。例如,对"绿"和"红"等颜色和语义存在冲突的刺激进行颜色命名时,个体需要对词汇语义信息进行抑制,从而能更快地命名词汇的颜色。在这类需要抑制控制参与的操作中,双语者通常比单语者有更优的表现。这主要是因为双语者在日常的语言使用中会进行两种或多种语言的转换,并需要对非目标语言进行抑制以确保目标语言的顺利产生。换言之,双语者的语言使用会训练任务转换能力和抑制能力。正因如此,第二语言学习经验会改变前额叶、顶叶、尾状核等与认知控制密切相关的脑区的功能和结构。

四、儿童学习第二语言的方法

1. 创设英语学习环境

听、说、读、写是人类特有的语言加工过程。其中,听觉语言理解是听力正常的婴儿与生俱来的语言能力。研究表明,婴儿在出生之前,已经能够通过外界的声音刺激感知世界,并习得与周围环境有关的声学刺激特征。出生之后,听觉也是婴儿感知世界的重要途径。因此,语言环境对于婴儿早期言语习得非常重要。

根据德国认知神经科学专家安吉拉·D.弗里德里希(Angela D. Friederici)教授提出的听觉语言理解模型,听觉语言理解模型是一个复杂的过程,不仅包含基本的听觉信息声学特征分析加工,还包含基本的听觉言语信息加工、语义和句法信息提取与整合加工。每个过程都有不同的脑区参与。其中,位于大脑左半球的基本听觉皮层和颞平面负责听觉语音加工,左侧额下回与颞上回参与听觉句子理解的语义和句法加工,而句子的韵律特征(如语气、语调)则主要由大脑右半球参与。因此,语言学习与加工对于儿童大脑发育起着重要的塑造作用。

如果生活在丰富的语言环境中,听力正常的婴儿可以学会区分语音刺激和声音刺激的差异,并逐渐学会根据单词的音节或重音信息(如元音和辅音)提取词汇的语音类别信息。在大约半年的时间里,他们可以学习根据信息分割他们听到的复杂句子,然后逐渐学习感知句子的意义。通过听觉言语理解,婴儿逐渐建立词汇语音表征和语义表征之间的关系,并获得句法知识。在这些语音处理过程中,大脑之间的基础性联系也逐渐加强。与成人相比,婴幼儿在加工听觉句子时呈现大脑双侧化,而且比成人更依赖于用右脑加工听觉句子。7岁之前,幼儿在加工听觉句子的语义和句法时并没有表现出特异性的脑区,但到了10岁左右就开始表现出特异性,并逐渐表现出左侧化优势。这可能与儿童的语言能力逐步提高有关,也可以看出语言学习与加工对儿童大脑发育的重要塑造作用。

婴儿早期言语习得与后期口语的产生有着密不可分的联系。说话者需要先构建说话意图,并选择提取相应的词汇进行产出。不言而喻,听觉言语理解是婴幼儿早期言语习得的重要途径。大约经过12个月的听觉语言积累后,婴儿便开始牙牙学语,在1岁到1岁半之间陆续产出一些有意义的词汇。在两岁左右,婴儿开始说出句子,并逐渐进入言语爆发期。研究发现,说话者丰富的面部表情和肢体语言有利于促进婴儿口语词汇习得。此外,如果婴儿出生后生活在词汇多样化的语言环境中,他们口语表达的词汇也会呈现多样化。

早期言语习得经验与学龄儿童的阅读学习密切相关。相对于与生俱来的听觉语言习得能力,阅读则是后天习得的。书面文字有两种途径通达语义表征:一种是直接的字形-语义通路,另一种是字形-语音-语义通路。儿童初学者主要依赖于后者,也就是说,他们需要通过逐步建立字形与大脑中存储的语音表征之间的联系,才能获知语义。因此,早期言语习得也为后期阅读学习奠定基础。

通过上述言语习得过程的简单介绍,人们可以了解到听觉语言习得在婴幼儿早期口语习得与儿童后期阅读学习过程中有着不可替代的作用。对于第二语言习得者来说,越早沉浸在第二语言环境中,听、说能力就越容易接近母语者的水平。如果儿童没有建立足够的听觉词汇表征,也就是词汇的语音表征,即使通过视觉通道学会了很多英语单词,也有可能是"哑巴英语"。因此,如何发挥早期听觉语言习得在不同年龄阶段孩子英语学习中的作用也是家长和教育者们关心的问题。

2. 英语故事阅读

那么,对于想早点学习英语却生活在母语环境中的儿童来说,如何根据语言习得的自然过程迈出事半功倍的第一步呢?"磨耳朵"可能是比较容易的方式之一,因为这种方法不仅简单易行,而且经济适用。

研究发现,第二语言听觉语言习得的难易程度取决于第二语言与母语的相似性。如果两种语言比较相似,学习者会比较容易借助母语的语音特征习得第二语言。如果两种语言差异较大,比如汉语和英语,学习者则需要习得并建立一套新的语音词汇表征。这也涉及了学习迁移的原理,虽然英语与汉语共享了语义表征,但由于两种语言属于不同的语系,其发音规则并没有多少共同之处,导致人们在学习英语的时候很难产生学习的迁移。以汉语为母语的婴幼儿习得了一定的汉语词汇之后,如果能为他们提供丰富的英语听力练习环境,将有利于他们构建英语听觉词汇的语音表征,并与已经建立的母语语义表征建立联系,这将为他们的英语口语表达和阅读奠定基础。不同年龄阶段的儿童可以选择适合其年龄特征的"磨耳朵"训练。

2～4岁的幼儿,从听英语歌谣开始。比如《字母歌》《玛丽有只小羊羔》《一闪一闪小星星》《泰迪熊》《车轮转转》等朗朗上口的英文儿歌。有些儿歌是专门针对幼儿学习数数编写的,有些儿歌是针对幼儿学习颜色名词编写的。英语儿歌的韵律特征明显、简短明了。幼儿的听觉记忆能力比较强,儿歌反复听过几遍之后,他们就有可能背下来。听觉输入有利于幼儿逐渐学会识别英语语音特征,并学会切分歌谣中的单词,从而增强幼儿对英语听觉词汇的感知能力。

4～6岁的幼儿,可以循序渐进地观看原版英文动画片。比如《米奇妙妙屋》《小猪佩奇》《托马斯小火车》《爱探险的朵拉》《彼得兔》《超级飞侠》等,都是适合幼儿园阶段幼儿观看的经典动画片。与单纯的听力输入相比，观看动画片有利于幼儿理解所听到的英语单词意义和运用情景，建立单词语音表征与语义表征之间的联系。此外，动画片中角色提供的丰富的面部表情和体态语言，也有助于提高幼儿的口语单词运用能力。

低年级学龄儿童，观看英语动画片和听英文绘本。对于有一定英语基础的低年级学龄儿童，除了观看英语动画片外，还可以听英文绘本。如苏博士系列绘本、艾瑞卡尔系列绘本、《好饿好饿的毛毛虫》《从头动到脚》《1、2、3 到动物园》等，还有《青蛙与蟾蜍》《饼干狗》《皮特猫》《好奇猴乔治》系列等，家长可以根据孩子的喜好选择购买，可以读给孩子听，还可以下载相关音频文件反复地听。如果能够找到带有英语字幕的音频更好，这将更有利于儿童建立英语单词语音表征与书面词汇之间的联系，为英语阅读学习打下基础。

小学高年级儿童，可以选择童话故事作为听力练习资料。经过一定的前期英语听力积累，可以逐渐开始选择自己喜欢的童话故事作为听力练习资料。比如《蜘蛛日记》《苍蝇日记》《蚯蚓日记》《神奇校车》《魔法树屋》《老鼠记者》等。家长可以读给孩子听，也可以让孩子自己听。此外，这个年龄阶段可以系统学习英文自然拼读，进一步为英语阅读打下基础，同时保持听力练习不间断。听过的英文绘本或童书也可以用于检验自然拼读的学习效果。以听促读、以读促听，双向进行更有利于激发儿童的英语学习兴趣。

英语听力训练对于儿童大脑发育起着重要的塑造作用。通过听英语，与英语词汇语音表征有关的脑基础将会与已有的汉语语义表征及词汇表征对应的脑基础建立连接。在语言使用过程中，儿童将会逐渐习得用一个大脑处理两种语言的语言经验。这种经验不仅有助于提高儿童一般领域的认知能力，还对进一步塑造儿童大脑的结构和功能起到促进作用。

当然，好习惯的养成不是一蹴而就的。在此过程中，家长要有耐心，对年龄小的儿童要以陪伴、支持、鼓励、赞扬为主，并及时肯定孩子的进步，让孩子体会到英语学习的乐趣和自我效能感，建立起英语学习的信心。总之，英语学习是一个长期的过程，听英语"磨耳朵"是一种行之有效且简单易行的方法。每天坚持 20～30 分钟，日积月累就会看到效果。

3. 高效英语互动

首先，儿童与成人及其他儿童的良性互动是幼儿健康发展及学习的基础。幼儿健康发展的基础是与成人以及其他儿童建立安全的、积极回应式的关系，加上高质量、积极的学习互动和环境。儿童通过与父母、兄弟姐妹和看护人的互动以及通过与教育工作者的高质量互动而学习的口语和词汇，为他们以后所有学科领域的学习以及他们的社会情感福祉奠定了基础。儿童在家里和学校经历的语言互动会影响他们发展中的思维，以及他们对概念和观点的理解。幼儿的发展需要与环境中知识渊博的其他人进行社会性互动。除了学生与教育者的互动，课堂上的点对点互动也可能对儿童的词汇量和语言表达能力产生积极影响。

其次，高质量的互动不仅对儿童的大脑发育有好处，还会产生更好的学习效果。在儿童和成人互动学习的过程中，儿童与成人交流的信息能够在大脑中传递，加速大脑的处理，以此塑造大脑回路，使得大脑活动更加活跃，增强了大脑处理信息的能力。并且在对话交流中，婴儿和成人的大脑在互动过程中"同步"，此时倾听和表达过程是需要大脑不断地接受-处理-释放信息的，同时也是大脑同化外部信息的过程，这样的过程对儿童的大脑发育有明显的好处。儿童经历的人际交往越多，他们学到的东西就越多。

最后，高质量的互动过程需要你来我往的表达，不论是在口头语言上，还是在肢体语言上，这就意味着需要成人专心致志地与儿童交流，不能敷衍了事。并且需要强调的是，高质量的互动发生在人与人之间而不是人与机器之间，因此，成人与儿童交流时要具有灵活性，在对话交流的时候生成新的对话内容，带领儿童沉浸在丰富有趣的对话内容中。大家都知道，儿童仿佛是十万个为什么，对身边的所有事物都充满着好奇，时常迸发出新的想法和出其不意的问题，这就需要成年人具备丰富的知识储备和灵活的交流能力。因此，任何高质量教育环境的最重要特征是知识渊博且积极回应的成年人。

4. 做英语游戏

游戏是儿童的工作，它具有增强大脑结构和功能、建立安全稳定的亲子关系、促进社交情感、培养各种技能、促进学习以及有效应对"毒性压力"等各种有据可查的有利于儿童生理、认知和心理社会等各方面发展的好处。

游戏是适合儿童特点的学习方式。根据小学生学习的特点，小学英语教学要创建以活动课为主的教学模式。教师要采用听、做、说、唱、玩、演的方式，鼓励学生积极参与，大胆表达。而游戏如何达到学习效果呢？美国儿科学会指出：成人引导式游戏是有学习目标的。成人引导式游戏（adult guided play）保留了儿童的主动性，因此儿童会积极参与游戏，而成人的引导体现在确立一个学习目标并精心设计学习环境（比如参观博物馆）或者在儿童主导的探索的环境中以问题或评论方式巧妙地引导儿童朝着目标前进。

玩分为两种类型，即无组织地自由玩耍和有组织地玩耍。有组织地玩耍是在学习的语境中发生的，是在固定的时间、固定的空间（比如教室、家里或者室外），通常在家长、老师及其他成年人的带领下，以讲故事、小组活动、舞蹈课、音乐课、戏剧表演课、家人共同参与的游戏等各种形式开展。在语言课程中提供的基于玩耍的活动不仅可以帮助开发语言能力，还可以提供全面的学习体验，进一步达到学龄前、小学阶段的教育目标（包括语言、读写等各方面的能力）。

5. 恰当使用电子产品

在此话题中，人们并不是否定电子产品的作用，只是为了提醒家长们需要恰当地使用电子产品，因为这只是一个辅助性的工具，并不是提高儿童语言能力的直接工具。家长不能妄想仅仅依靠电子产品就能为儿童营造一个全外语的语言环境。在此，人们讨论的是如何正确使用电子产品。

有同伴在场的婴儿可以从视频中学得更好。研究人员对9个月大婴儿的研究显示，与独自学习相比，有同伴在场的情况下，婴儿通过视频学习效果会更好。对语音学习的大脑测量以及对学习过程中互动的详细分析证实了社会同伴能促进学习的假说。研究者测试了一个假设，即婴儿的视频学习效果会在同伴在场的情况下得到增强。大脑对语音学习的测量和学习过程中互动的详细分析证实了这个假设，即社会伙伴会增强学习，甚至是从屏幕上学习。结论来自20名9个月大婴儿的样本数据。并且研究也发现，成人与儿童共同观看视频过程中有互动会比无互动有更好的学习效果。

人与人之间的交流互动对儿童语言能力提高的效果仍然优于数字媒体的效果。美国儿科学会指出：尽管积极参与适合年龄的媒体，尤其是在与同龄人或父母共同观看可能会带来一些好处，但实时社交互动仍然优于在家通过数字媒体学习。真正的学习发生在人与人之间的交流中，而不是机器与人的互动中。

电子产品中的应用程序质量不高，同时作用也被夸大，并且当儿童沉迷于电子产品而占用真实游戏时间，会大大降低儿童的学习效果。在成千上万个声称可以帮助教育儿童的应用程序中，很少有经过严格审核后发行的。广告商和媒体可能会在如何支持与鼓励孩子的成长发展以及提高创造力方面误导家长。这也告诫人们，在选择电子产品的时候需要更全面综合的考虑。

第五节　支持学习的关键

为了应对学习挑战,学习者能够利用资源有意识或无意识地协调统合这些不同的能力。支持学习的关键心理因素是什么,怎么做到协调统合不同的能力呢?

一、执行功能

执行功能是对思维和行为的整体调节,以及使人们能够计划、安排、启动和维持他们的行为以实现某些目标,同时还整合了反馈和作出调整的环节。自我调节是指通过元认知、策略化的行动和学习动机来组织的一种学习、高阶过程。其中自我调节被视为是对涉及认知、情感、动机和行为等组成部分的管理,这使得个体为实现预期的结果能够调整行动和目标。

执行功能涉及的过程之间是高度相关的,包括记住信息的能力、抑制不正确或不成熟的反应以及维持或转换注意力以实现某个目标。只有这些过程彼此协调运作,执行功能才可能成功应用。各种兴趣之间是相互竞争的,所有学习者都需要在其中做出选择,并对自己选定的结果保持长期持续的关注,直至取得进展,牢记各种信息,有效地操作它们并监控自己的进步。执行功能的关键是神经基础。最新神经影像学研究结果表明,执行功能的各个组成部分所对应的脑区不只是早期研究所发现的额叶,它同时涉及大脑中的众多区域与网络。前额皮层厚度的正负变化以及与其他神经结构间的连通性一样,执行功能的构成过程在学前阶段迅速发展,随后在青少年时期甚至之后继续发展,在整个成年期也会发生改变。

执行功能为什么会成为众多研究以及有针对性的教育干预的焦点?因为它的受损似乎是在学习障碍、注意力缺陷和多动症自闭症等会对学习产生负面影响的几种情况中的一个共有特征。相反,良好的认知控制与很多积极的发展结果相关,包括身体健康和社会经济能力。此外,最近的研究表明,执行功能(如通过注意和遵守规则等行为所显示出来的执行功能)可能比一般智力更能作为一项预测就学准备和学业成就的指标。

执行功能的“内在”执行控制,是指一个人在没有明确规则的情况下指导自己、按需改变方向、制定策略的能力。例如,一项以 9 岁中产阶级儿童为对象的研究显示,儿童越是在成人主导的活动(如钢琴课和有教练指导的体育运动队的训练)中花费时间更多,而在自我导向的活动和同伴协商的活动中(如与其他孩子一起玩开放式游戏)花费时间更少,其表现出的内在执行功能越是弱。因此研究人员认为,这些孩子花费在结构化学习活动中的时间限制了他们在自然的和非正式的学习背景中学习管理自我、辅助现实世界中有效学习的机会。

基于课程的执行功能干预的案例是"心智工具"(tools of the mind)。心智工具是一个专为提高执行功能而设计的幼儿数学和读写项目,课程强调与教师和同伴在共享的活动中进行社会性互动:教师提供"脚手架"以及示范如何使用语言、数字系统、图表或绘图等学习工具。儿童通过符号游戏以及共同开发学习计划和目标来进行互动并练习自我调节。例如,"数字游戏"(numerals game):儿童轮流扮演"行动者"和"审核者"的角色。行动者根据卡片上的数字数出相应的泰迪熊玩具,而审核者将熊放在一张标有数字和相应点数的检核表上。如果泰迪熊能覆盖点数并且没有多余的熊,那么儿童就知道这个数字是正确的。研究表明,使用该干预课程在一定程度上有助于减少行为问题以及在执行功能任务中提高得分,促进了认知定势的转换。

二、自我调节

自我调节是广义元认知概念,是反思和监控自身认知过程的能力的关键要素。对认知的监控和调节是相互关联的过程。监控过程是指评估自己的认知活动的过程,包括学习和记忆。调节过程使得个体能够通过自身的监控来控制决策的过程和行动。元认知,即一种监测和调节自己的认知过程、并有意识地调节自身行为的能力,包括个体对其自身心理过程的认知及由此产生的监测、调节和引导自身思维以实现预期目标的能力。当学习者在进行自我调节时,他们可以更好地控制学习的策略和行为。这使得他们可以通过自愿设定学习、识别实现目标,积极寻求这些方法以及跟踪目标进展来更有效地引导他们的认知活动。对一个人的学习进行调节需要监控活动、思想和情绪,并进行必要的调整以实现目标。当教育者的期望能够考虑到学习者的兴趣、学习者在不同发展阶段相应的学业任务时,就能引导学习者对他们的目标负责,相信他们有能力做出与自身的学习模式相关的重要决策,促进他们对于学习的自我调节。

越来越多的研究表明人在正式的教育环境中调节自身的学习十分困难,同时也强调对提高学习的自我调节能力开展相应的培训是有价值的。在过去十余年中,学习的自我调节所涉及的复杂过程已成为大量理论研究和实验研究的主题,相关研究已经提出了许多用于描述自我调节过程的模型,例如,有研究者从关于学习策略的研究文献中识别出 400 多种策略,探讨了人类基本的调节过程,以及其对情感、欲望和习惯的影响,人格特质在其中的作用,自我调节所涉及的生理过程及其发展方式。自我调节既是一种自我引导的过程,也是一套思维模式,学习者可以借此组织自己的活动,从而培养技能。成功的自我调节学习者已经培养出了成为有效学习者的技能和习惯,表现出有效的学习策略、努力和坚持。

总而言之,执行功能和自我调节是支持学习的关键过程。两者都涉及许多复杂的组成部分以及一系列关乎在学校中获得成功的过程。成功的学习需要协调多种认知过程,这些过程涉及大脑中的不同网络。个体为协调这些过程,需要能够监控和调节自身的学习。监控和调节学习的能力在人的成长过程中是动态变化的,并可通过干预措施加以促进这些能力。

第六节　长时程增强与学习

人脑的机能是由神经元来实现的,因此想要了解人的学习记忆,首先需从海马区神经元的性质开始说起。实际上,海马区神经元具有很多有趣的性质,其中最具代表性的就是海马区突触活性的长时程增强(long-term potentiation,LTP),LTP 作为突触可塑性的研究模型,认为是与学习记忆密切相关的神经突触可塑性的生物学基础。下文将介绍 LTP 及其与学习记忆的关系。

在神经生物学领域中,与学习、记忆有关的突触机制一直就是人们最关注的问题之一。早在 20 世纪中期,有研究者已经提出学习、记忆是由于突触反复被兴奋引起的传递效率的改变。虽然这一假说在理论上成立,但早期的实验却一直未能证明这一点。直到二十世纪六七十年代,勒莫(Lømo)团队的研究发现,在海马区这个被认为在学习过程中起重要作用的脑区中的兴奋性通路上给予短暂的重复刺激,将引起突触传递增强,在无损伤的动物体实验中,这种增强效应将维持数小时甚至数周,这种突触传递的增强被称作突触传递长时程增强。通俗地说,研究人员将细小的电极插入海马区,尝试对海马区进行反复刺激,神经元之间的链接由此增强,而且在刺激结束后,这种增强效应也持续数周,也就是说,神经元被长期地激活了。自从勒莫在 1966 年第一次在兔子海马区中发现 LTP 以来,LTP 一直是一个研究热点。现在有关 LTP 的研究聚焦于找出 LTP 与形为记忆的因果联系以及机制,还有试图通过开发一些方法、药理学或其他类似的方法增强 LTP,以此来提高学习与记忆能力。

例如,研究人员通过改变基因或使用药物等方式,导致实验动物脑的 LTP 消失,结果显示,被剥夺了 LTP 的动物无法产生任何记忆。例如,一项研究用激酶(PKMz)的专一的抑制剂阻断大鼠海马区已形成的晚期 LTP,促使贮存的空间记忆消失;大鼠在训练中学习到的躲避电击位置的记忆与 LTP 一起消失了。这些实验直接表明,LTP 与学习和记忆密切相关。在神经科学领域,LTP 是两个神经元传递信息中的长期增强,LTP 是这些神经元同时刺激而引起的。正是考虑到神经元是通过化学突触进行信息传递的,以及记忆是储存于这些突触中,所以广泛地认为 LTP 是形成学习与记忆基础的主要分子机制。另一方面,LTP 的效应的稳定持续性作用也能促进记忆力的提高。换而言之,如果海马区处于容易产生 LTP 的状态,那么学习能力也会得到提高。因此,如果能够通过动物实验找到容易产生 LTP 的方法,那么人们就能从中获得改善学习方法的启发。

如上所述,研究当中的 LTP 的产生来自神经元之间的连接受到了反复刺激。因此,在前文人们介绍了反复复习,也是为了更好地刺激海马区的神经元的连接,以诱发持久的 LTP。因此,复习是尤为重要的。一般而言,没有人能够脱离这种人脑机制而过目不忘。即便是掌握了记忆术的记忆大师,也需要付出很大的努力,否则记下的东西只能成为一个短期策略,无法真正进入到长时记忆当中。不过,反复刺激神经元是一个学习的规律的话,根据目前的一些科学证据,人们能够找到一些方法减少复习次数却增加刺激神经元的次数,也能帮助达到高效学习的目的。

一、脑电波

早在 1857 年,英国的一位青年生理科学工作者卡通(Caton)在兔脑和猴脑上记录到了脑电活动,并发表了"脑灰质电现象的研究"论文,但当时并没有引起重视。15 年后,贝克(Beck)再一次发表脑电波的论文,才掀起研究脑电现象的热潮,直至 1924 年德国的精神病学家贝格尔(Berger)看到电鳗发出电气,认为人类身上必然有相同的现象,才真正地记录到了人脑的脑电波,从此诞生了人的脑电图。脑波是大量神经元彼此交流的电脉冲所产生的。

脑电波是一种使用电生理指标记录大脑活动的方法,大脑在活动时,大量神经元同步发生的突触后电位经总和后形成的。它记录大脑活动时的电波变化,是脑神经细胞的电生理活动在大脑皮层或头皮表面的总体反映。科学研究表明,人脑工作时会产生自发性电生理活动,该活动可通过专用的脑电记录仪以脑电波的形式表现出来,在脑电波研究中,至少存在四个重要的波段:δ(0.5～3 Hz)、θ(4～7 Hz)、α(8～13 Hz)、β(14～30 Hz)。

1. δ波

频率为 0.5～3 Hz,幅度为 20～200 μV。当人在婴儿期或智力发育不成熟时,或成年人在极度疲劳和昏睡或麻醉状态下,可在颞叶和枕叶记录到这种波段。

2. θ波

频率为 4～7 Hz,幅度为 100～150 μV。在成年人意愿受挫或者抑郁以及精神病患者中这种波极为显著。但此波为少年(10～17 岁)的脑电图中的主要成分。

3. α波

频率为 8～13 Hz(平均数为 10 Hz),幅度为 20～100 μV。它是正常人脑电波的基本节律,如果没有外加的刺激,其频率是相当恒定的。人在清醒、安静并闭眼时该节律最为明显,睁开眼睛(受到光刺激)或接受其他刺激时,α波即刻消失。在人心情愉悦或静思冥想时,一直兴奋的β波、δ波或θ波此刻弱了下来,α波相对来说得到了强化。

4. β波

频率为 14～30 Hz,幅度为 5～20 μV。当精神紧张和情绪激动或亢奋时出现此波,如当人从噩梦中惊醒时,原来的慢波节律可立即被该节律所替代。

2020 年发表在《自然》杂志上的一项研究使用人工智能(AI)解码系统,把人的脑电波转译成英文句子,最低平均错误率只有 3%。

二、乙酰胆碱

乙酰胆碱,是一种神经递质。研究发现,当机体需要对新刺激进行分析时,比如学习、记忆、专注力、自发运动和探究行为等认知活动,脑内胆碱能神经元被激活,海马区的乙酰胆碱被释放,积极参与突触传递,促进记忆力。这一结果表明,海马区的乙酰胆碱与认知过程密切相关。乙酰胆碱的含量会随着年龄的增加而下降。正常人老年比青年时下降 30%,而老年痴呆患者下降更为严重,可达 70%～80%。科学家也相继观察到老年人脑组织乙酰胆碱减少,记忆减退明显。

三、多巴胺、乙酰胆碱分泌与θ波促进学习

2016年于《自然》发表的一项研究发现,当专注于一个有趣活动或者身处一个新环境时,大脑的蓝斑会分泌更多的多巴胺。多巴胺除了和奖赏感有关,还会作用于海马区,帮助海马区建立更加牢固持久的记忆神经回路。这种记忆增强作用发生在大脑释放多巴胺的前后。换而言之,如果人们能在复习备考的短暂休息时间玩游戏、散步或打球等都能明显提高学习效率。此外,在杏仁核和纹状体等部位产生的快乐等积极情绪,都能使大脑高度觉醒,从而提高人的积极性和注意力。快乐的情绪还能刺激人的海马区产生θ波,进而提升人的记忆力。所以,做某件事如果是快乐的,那当然是最好的学习催化剂。

相反,严重的抑郁和焦虑会影响一个人的记忆力。以前人们认为在出生之后大脑神经元只会减少,不会增多。但现在人们知道,哺乳动物大脑中负责记忆的海马区和嗅球终身都会产生新的神经元。2014年《细胞》杂志上发表的一项研究指出,海马区附近的纹状体在人类成年后也会继续分化产生新的神经元,而抑郁和焦虑都会影响海马区神经元的数量和再生能力。严重的抑郁症患者大脑中的海马区神经元会有20%死亡。因为海马区是负责记忆的关键脑区,所以抑郁症患者的认知能力会变差,这里的认知能力包括记忆力、注意力、判断力等。而且,很大一部分患者在抑郁症状缓解后,认知能力仍无法恢复。

在放松的状态下学习时,主要是大脑中负责记忆的海马区处理信息,这种记忆方式简单而且效果长久。而在焦虑的状态下学习时,主要是大脑纹状体来学习,这种学习策略复杂并且处于潜意识层面,虽然可在短时间内凭直觉把知识结合起来并进行分析,但记忆效果不能长久保持。因此,那些"临时抱佛脚的"考试突击,往往带着焦虑状态学习,考完就容易忘记。

θ波往往在好奇心或兴趣出现的时候增强,即使刺激海马的次数很少,海马区中也能产生LTP,记忆效率也能大幅提升。这就是为什么一个好老师能够调动孩子的好奇心,能让他学得更好的原因。达·芬奇的一生,就是对这句话很好的证明。他在临死前的一个礼拜,还在笔记本上写下这么一段话:明天,我一定要搞清楚啄木鸟的舌头是什么形状。人们都知道达·芬奇是个伟大的画家,很多人肯定都疑惑,他怎么还研究啄木鸟的舌头呢?这种探索,纯粹是出于对大自然的好奇,出于求知的乐趣。也正是在好奇心的驱使下,达·芬奇构建了自己庞大的知识体系,他不仅擅长绘画、雕刻、发明、建筑,而且通晓数学、生物学、物理学、天文学、地质学等学科,是人类历史上多领域的博学家。

θ 波和乙酰胆碱的关系很紧密。乙酰胆碱能够刺激海马区，使其发出 θ 波。一般情况下，海马区自身也会发出 θ 波，而如果乙酰胆碱的活力较强，可以进一步促进海马区发出 θ 波。最新的研究更是表明了这两者和记忆之间的直接关联。人只要一放松，大脑就会产生 α 波。这个 α 波的周波数为 9～12 Hz，而 θ 波的赫兹数为 4～7 Hz，是比 α 波更舒缓的波状物。在 Neuron 杂志发表的一项研究显示，接收了 θ 波的大脑海马区，可以有效促进承担记忆形成重责的"海马区新生神经元"的分化。研究发现，学习前后的海马区内的乙酰胆碱分泌量在学习时分泌量会增加，其状态会一直高持续，直到学习结束。神经科学的研究表明，大脑海马区会自己"播放"θ 波，但是只要乙酰胆碱活性化时，θ 波则会进一步增强，而神经与神经连接部分的神经元的突触更会获得强化。也就是说，只要一分泌乙酰胆碱，海马区就会"生出"θ 波，让记忆效果得以提升。比如，为什么奇妙的想法，甚至说怪异的记忆内容很容易被记住。因为，这个时候的大脑会促进分泌乙酰胆碱，进而帮助海马区产生大量的 θ 波，让记忆活动变得更加积极起来。华东师范大学的研究揭示，乙酰胆碱的一个重要生理功能，是在清醒和快波睡眠状态时，抑制高频 ripple 节律的产生，以确保此时与动物"在线"学习记忆编码过程密切相关的 theta 节律能处于主导地位。

为了有效促进乙酰胆碱分泌和 θ 波增强，哈佛大学医学部研究的建议是：① 冥想；② 午睡；③ 打盹或发呆；④ 坐着的时候，可以动动手和脚，比如捏球等；⑤ 做能刺激好奇心的事；⑥ 发现新的物品、食物、场所等；⑦ 对感兴趣的事调查深究；⑧ 进行散步、快步走等适当的运动；⑨ 适量地饮用含咖啡因的饮料，如咖啡等；⑩ 大声歌唱；⑪ 大声读出声来；⑫ 无论何时，开始学习。

因此，"劳逸结合"是有脑科学依据的，适当放松甚至放空自己，做一些看似无用的事情，却可以促进乙酰胆碱的分泌和增强 θ 波的活跃，进而达到高效学习与工作的目的。

第三章　融会贯通：记忆与遗忘的科学规律

你能在不忘记的情况下一次性记住多少信息？什么因素会导致人们遗忘？作为大学教师，常观察到一个让人担忧的情况，学生在 24 小时之内就会忘记他们学到的内容。有研究表明，学生在上完课一周之后，只记得课上老师所讲的 8% 的内容。格雷泽认为原因是学生们对枯燥复杂的材料的容忍阈值都很低。他们在学习中是被动的一方，只会选择吸收容易理解的知识，而不会向老师提出问题。他们的知识都是被动嵌入大脑中，而不是主动学习的结果，在考试前，这些学生通常都会"临时抱佛脚"。这个结果让人错愕，这是大量资源的浪费——包括老师的时间，学生和家长也会很失望，同时大量的知识都会遗失。教授知识的方式并不是问题所在，真正的问题在于，很少有人教授学生复习的重要性。对许多学生来说，学习就是在学了某个知识很久以后，再学一遍，死记硬背下来。我还记得我考试前也试图临时抱佛脚去大量背诵知识点，压力很大，我只希望背下来的内容可以出现在第二天的考试中。然而，正确的学习方法应该是先学习知识，然后定期回过头去复习这些知识，这是一个循环往复的过程。

为了让人们记得更好，首先必须科学地了解记忆被保存后的遗忘进程。如前面所提及，人类大脑进化而来的设计原则是尽可能遗忘——忘记一些非必要的信息。说到遗忘的规律，很多人都听说过"艾宾浩斯遗忘曲线"（规律）。艾宾浩斯是第一个从心理学上对记忆进行系统实验的著名德国心理学家，他对记忆研究的主要贡献之一就是对记忆的保持规律进行了系统的研究，并提出了著名的"艾宾浩斯遗忘曲线"。记忆力再好的人遗忘也是不可避免的，但从什么时候开始遗忘的？怎样减少遗忘？何时复习效果最佳？遗忘规律能够给人们一些启发。

19 世纪末，艾宾浩斯的记忆测试是对自己的挑战，他需要记忆许多"无意义音节"，而且这些音节之间没有关联。每个音节由 3 个字母组成，例如 DAJ、KOS 等，总共有 20 个音节，他可以读几遍，直到记下准确的顺序，然后再等待不同长度的时间,看看他能否记下这些音节。这是非常著名的无意义音节记忆实验,艾宾浩斯发现了一些和记忆与遗忘相关的有趣现象。

第一节　复习间隔

在此实验中,艾宾浩斯绘制出了"遗忘曲线",直观地呈现无意义音节是以怎样的速度被忘记的,表明人脑并不是匀速忘记信息的。最容易忘记的时间恰巧是刚刚记住的时候——在记住信息后的 4 小时内,人们会一口气忘记大约一半的内容。但在此之后,剩余的记忆却能维持较长时间,它们是逐渐被忘记的。艾宾浩斯遗忘曲线告诉人们大脑的遗忘是有规律的,遗忘的进程很快,并且先快后慢。这一实验结果给人们如何找到最佳复习的时机以很好的启发。那么,在什么时候复习比较好,间隔多久进行复习才能取得最好的效果呢?

如果第 1 次和第 2 次学习之间间隔 1 个月以上,那么记忆力是得不到提高的。换而言之,潜在记忆的保存时间只有 1 个月左右,如果不在 1 个月内复习学到的知识,潜在记忆就无法发挥作用。所以,并不是在任何时候复习都有效果,大家最迟也要在 1 个月以内就开始复习。为什么那些无意识的记忆有"保质期"呢?答案的关键还是在于海马区。海马区是对进入人脑中的信息进行审查的工厂。信息的种类不同,能停留在这家工厂的时间也有长有短,短的大概只有 1 个月左右。海马区会在 1 个月内分类整理这些信息,判定哪些是应该进入大脑皮质的必要信息。因此,那些间隔了 1 个月甚至更久的时间才去复习的知识,对于海马区来说和新学习的知识并没有什么不同。相反,如果在 1 个月以内多次复习相同的知识,海马区就会产生错觉,作出判断:"短短 1 个月内竟然看到了这么多次!这一定是非常重要的信息吧。"另外,在首次复习中输送进海马区的信息越多,成功通过海马区"审核"的可能性就越大。也就是说,在复习时也要像初次学习那样用功,不仅要用眼看,还要动笔写、出声读,尽可能地调动自己的感官。这样一来,通过视觉、听觉、触觉等传达的信息都会对刺激海马区起到积极作用。

结合艾宾浩斯遗忘曲线与海马区的性质,为了保证输入信息保存在长期记忆中,脑科学家建议按照如下计划展开复习:第一次复习应该在学习及记忆后马上进行(或 10 分钟内);第二次复习必须在记忆之后 24 小时之内(1 天后)进行;第三次复习的时间一般需在初次记忆后一周内(一周后)进行;第四次复习应该发生在四周(即一个月)后,第五次复习则在 2～3 个月之后。以上计划将复习分为 5 次，每次复习之间都存在一定的时间差，整个计划约 2～3 个月内完成。每次在你复习的过程中，你大脑里神经元之间的关联会加强，直到你达到长期记忆，最好是终身记忆的水平。大脑只想保留你会用到的东西，通过这样的复习方法，海马区会将复习的信息判定为必要信息，并允许它们进入大脑皮质。用最少的复习次数足以达到高效学习的目的，没有必要再复习更多次。与其把时间浪费在不必要的复习上，还不如去学习其他新知识。

第二节　复习内容

根据遗忘曲线可知，如果不是考试前 4 小时以内记住的内容，那么在考试开始时就已经忘掉一大半了。因此，很多人认为当考试迫在眉睫时，与其前一天晚上彻夜苦读、临阵磨枪，还不如考试当天早上早起努力，这样到考试时记住的东西可能还会更多一些。但是，艾宾浩斯实验的另外一个重要启示是：不要在马上要考试的时候才把知识一股脑地硬塞进脑中。在实验中，艾宾浩斯还注意到，如果记的是大量信息，和中间的信息相比，靠近开头和末尾的信息更容易被记住。这就是众所周知的"首因效应"和"近因效应"，根据这个规律，他画出一条 U 形曲线。

换而言之，最容易导致原有的记忆提前消失的活动，就是添加新的记忆，也就是指将知识一股脑地硬塞进大脑中。也就是说，如果往脑中塞入了过量的信息，人们记忆的效果就会变差，因为人脑一次能记住的信息量是有限的。新记忆和旧记忆互相影响的现象就叫作"记忆的干扰"。存在于人脑中的一个个记忆片段并不是完全独立存在、毫无关联的。相反，它们是互相关联、互相影响的。有时它们互相抑制，有时它们又互相合作以得到巩固。因此，错误的记忆方法，比如毫无准备地将大量知识塞入脑中，就会导致记忆消失，或者使记忆变得混乱、模糊不清，进而造成失误。在心理学当中，叫作前摄抑制和后摄抑制。

遗忘现象的产生机制之一是记忆痕迹的消退或抑制。一般认为，瞬时记忆和短时记忆当中的遗忘，主要是由于记忆痕迹的逐步消退；长时记忆当中的遗忘，主要是因为先后材料的干扰，是由于神经过程的负诱导规律而产生的抑制的结果。这种干扰抑制作用又分为两种：即前摄抑制和倒摄抑制。

前摄抑制是指先学习的材料对识记和回忆后学习的材料的干扰作用；倒摄抑制是指后学习的材料对保持和回忆先学习的材料的干扰作用。例如，临睡前学习内容的保持优于白天，因为夜晚所受的后继学习的干扰较少。

简单点说可以这样理解：当人们学习英语单词时，人们以前学习过的汉语拼音对人们的记忆有干扰，这就是前摄抑制，前面学习过的材料对记忆有影响；当人们能熟练使用英语单词时，英语前摄抑制和倒摄抑制是认知心理学解释人们为什么会遗忘语言信息的著名理论之一。研究表明，在先后学习的材料完全相同时，后来的学习即是复习，不会产生倒摄抑制。在学习材料由完全相同向完全不同逐步变化时，倒摄抑制的作用也随之逐渐变化：开始时抑制作用逐步增加，材料的相似性减小到了一定程度时，抑制作用最大；此后抑制作用便逐渐减低，到两种材料完全不同时，抑制作用就最小了。

在学习两种不同材料时，如果后来学习的材料在难度上不同，倒摄抑制的作用也就不同。在一个实验中被试在熟记单词之后去解答算术难题时，结果使后来对词的再现降低 16％，而去进行较为容易的任务（口算乘法）时，对同样一些词的再现就只降低 4％。前摄抑制和倒摄抑制一般是在学习两种不同但又彼此类似的材料时产生的。但是，在学习一种材料的过程中也会出现这两种抑制现象，例如识记一个较长的字表或一篇文章，一般总是材料的首尾容易记住，不易遗忘，而中间部分则常常识记较难，也容易遗忘。这是由于识记材料开始部分只受倒摄抑制的影响，识记终末部分只受前摄抑制的影响，而在识记中间部分时则同时受这两种抑制的作用。

因此，为了使记忆巩固，教师在组织学生学习活动时，应当考虑到倒摄抑制的作用。尽量使前后相邻接的学习活动在内容方面不同，就会得到较好的学习效果。因此，复习同样的内容才有效果。所记内容一旦改变，复习就达不到预想的效果，甚至还会因此造成记忆的干扰。

因此，重复学习同样的内容是十分重要的。举个例子，大家在学习时，除了学校发的教科书以外，还会用到一些参考书或习题集。找到真正适合自己的参考书其实是一件很不容易的事情，有些书店甚至会售卖有关如何挑选参考书的参考书。也有人会一次性买来很多参考书——试读，觉得这么看下去总能发现不错的参考书。我却认为这样的排查摸索并不是什么好事，原因正在于复习的效果不佳。

即便科目相同，一旦更换了参考书，人们就不得不再一次从头开始熟悉参考书的内容，而只有内容相同时，复习才会产生提高记忆力的效果。请大家务必牢记这最重要的一点。选择参考书的关键在于人们对这本书的第一印象如何。如果可以的话，大家最好不要在网上购买参考书，而应该亲自去书店看一看、读一读，然后再作选择。一旦选定了某本参考书，就要一心一意、踏踏实实地把整本书都读完。使用参考书要始终如一，别人用什么样的参考书与人们无关。与其花费时间和金钱寻找新的参考书，不如把手头的参考书多复习几遍，这才是有效利用时间的方法。

有些人会将"图多"作为重要的选择标准。一般来说，图不仅可以帮助人们理解书中的内容，还能让这些内容在头脑中固定下来。如果在学习时只有文字说明，人会相对缺乏想象力，而图正好可以弥补文字的缺陷。要想让图产生更大的效果，重点在于要把图放在视野的左侧。人更容易记住位于视野左侧的内容，这大概是右脑在发挥作用。相反，读到或者听到的那些和"语言"相关的内容，则似乎是从右耳进入人脑并由左脑来记忆的。如果参考书连这些细节都考虑到了，那就更好了。参考书的标题是否清晰也至关重要。分类较为系统的知识让人比较容易理解，而且人们在掌握了这些知识以后，不仅可以通过标题中的关键词轻松地回忆起相应的知识点，还能比较方便地运用它们。最后，如果参考书上只是简单地写出了最终结果，那人们只要在临近考试时用总结了知识重点的书来梳理知识点就好了。

第三节　遗忘规律的生活应用

零售业充分利用遗忘的规律与原理，并将其用于营销和广告中。会议组织人员也意识到这种"首因效应"和"近因效应"，这也是为什么他们把最重要的人安排在最初和最后发言。"重复"在信息记忆中扮演重要角色，而"冯·雷斯托夫效应"则是为了让产品的特色之处能够储存在人们的长期记忆中。艾宾浩斯的 U 形曲线代表了多数人掌握及回忆信息的方式。无论你是要去听一场 90 分钟的讲座，还是要去看一场两小时的电影，记忆曲线看起来都会很相似——U 形曲线的顶点表示不寻常、奇怪、刺激甚至一些令人震惊的时刻，而重复及关联也位于顶点位置。

人们记得 007 系列电影开头和结尾的几幕，中间部分的许多打斗场面也还记得，但当人们离开电影院几小时之后，许多故事情节开始变得有点模糊，被遗忘在记忆库的底层。只有在不久之后重温这部电影，人们才能回忆起这些场景，而其中的另一些场景却一点也记不起来了。同样，对于听讲座的学生而言，按照艾宾浩斯曲线的原理，他们会感觉前面几分钟让人记忆深刻，专注度也较高，吸收的知识也比较多。这就是"首因效应"。然而，大约 10 分钟后，注意力开始渐渐分散，曲线呈下滑趋势，除非学生记笔记，并借助记忆技巧，否则注意力会很快分散,有用信息也会丢失。只有发生一些不同寻常的事情才能恢复学生的兴趣——换句话说也就是产生"冯·雷斯托夫效应",否则这种低效率的学习状态难以改变。这些不同寻常的事可能包括:老师播放电影中的片段、讲述一件奇闻轶事,或者转入分组讨论环节。通常讲座结束前的最后 10 分钟,学生又开始吸收更多的信息。这时候他们的注意力水平会快速提高,因为他们已经得到了讲座的精华。这就是"近因效应"。

遗憾的是,大部分讲座的精华是在中间部分。这部分的信息若被遗忘了,过后再重新掌握就很难。艾宾浩斯也是第一个发现遗忘曲线的人,曲线描述了人们学习新东西之后,记忆力下滑的速度。该曲线形象地描述了仅仅 24 小时里记忆力就已快速下降,除非人们在关键时刻复习回顾,否则人们记住的只是学习内容的一部分。这也是为什么在学习的过程中,扮演积极的角色很重要。学习、参加商务课程,或者从书里学习新技能时,做笔记是获取信息、使知识变得容易吸收并巩固的第一步。因此,学习结束后直接回顾你的笔记——这样做可让你掌握开始时传递的 80% 或者更多的信息。

学生在平时的学习过程中也要尽量避免在一天内向大脑输入大量新知识。在力所能及的范围内毫无压力地记住自己所能记住的内容,才是符合记忆性质的学习方法。好的学习方法能够合理利用人脑规则,达到事半功倍的效果;坏的学习方法则违背人脑规则,有时还会起到反作用。如果一个人懂得复习,他就会知道在什么时候去加强和巩固。复习是有科学的节奏的,所谓的考前突击性学习会使大脑变得越来越混乱,大量知识突然间涌入,会使遗忘变得更快。对于考试而言,学习了多少知识的确很重要,毕竟很多时候的评价指标都是以考试成绩为准,但从终生学习的角度来看,考试并不会决定最终的成绩——更重要的是对知识的掌握程度,也就是真正的学习质量与效果如何。脑科学家认为,预习、学习、复习的比例在 1/4:1:4 左右比较妥当。

当然,你也可以利用关联法或者故事法来记忆信息,或者你也可以通过后文提及的记忆术如路径法将需要记忆的东西沿着一条路径标示出来。研究发现,人们能记住多少信息,取决于人们投入了多少时间。这就是有名的"总时假设"。要想提高学习效率,有效的方法就是把学习时间分割成许多 15~45 分钟的片段。记住,无论你复习多少次,要将这些复习行为加以分散,而不是一次性混合起来复习。也就是说,定期复习是一种比死记硬背要高效很多的复习方式。你可以将你的记忆进行拆分,如果你为自己安排了两小时的学习时间,无论你是学习新内容,还是为了考试而复习,适当拆分学习时间,定期休息会让你效率更高。比如说将你的时间分成 6 个 20 分钟的时间段,会比你努力在这 120 分钟里集中注意力记的效果要好得多,这样可以避免注意力分散、记忆力下滑,限制"首因-近因效应"。无论你想记什么东西,让它们有组织可循。将时间分成 20 分钟的时间段,以保持最高注意力。针对你要记忆的信息的类型,找出你的遗忘阈值,将工作量分成一个个小模块,保证你一直在回顾这些模块。

第四节　提取练习

除了留意复习的间隔和内容,还需要多对复习的内容进行输出,即测试。这种方法在心理学的文献中被研究者称为"提取练习(retrieval practice)"。在《科学》上相继发表的有关记忆提取的研究揭示,提取会对学习产生非常重要的影响,可以重构知识和加强记忆。提取练习又称测试效应(test effect),是近十年来学习记忆研究的热点问题之一。研究者指出:"提取练习比传统的学习策略如重复学习、过度学习等,可以更好地巩固记忆。"提取练习效应是指在同等时间内,相比重复学习,对学习材料进行一次或多次的信息提取随后的记忆成绩更好。并且,提取练习会从根本上改变信息的储存方式,促使在日后易化知识的获得。提取练习让学习者用他们自己的方式积极地练习重建,当学生们能够成功地提取知识并且反复练习它时,提取练习便能促进有效持久的可转化新内容的学习。

有研究者使用无意义音节和单词作为实验任务,第一次发现记忆提取促进学习的实验证据。其后,研究者在不同的材料(单词、文本材料、可视地图)和不同的测试任务(自由回忆、配对联结、再认)证实了提取练习效应的存在。提取练习是一个使用环境中可利用的线索去积极重构知识的过程。人们依照当下的线索来回忆目标信息,并依据线索排除提取的竞争项,人们每提取一次知识,就会增加一些在未来再次成功提取的可能性。因为提取重构了知识,因此它不同于"死记硬背",是一种有意义的学习策略。相关研究也已证实,提取练习在推理、解决新问题等意义学习的形式上具有持久的效果。一项研究中,研究人员设计了两个实验条件,一个实验条件下的实验参与者被要求连读四遍一个段落;另一个实验条件下的实验参与者读一遍段落后需要练习回忆(自由回忆)段落内容三遍。几天以后对两组实验人员进行测试,结果发现提取练习回忆段落的实验参与者记住的内容多于只连读那组的参与者。换言之,试图提取回忆见过的内容,而不是单纯重复阅读内容,更能呈现出记忆优势。

　　一项针对荷兰小学生的研究则发现,在填空题的得分上,提取练习相比精细重复和简单重复的学习方式均存在显著的优势;但是在选择题上没有发现显著的优势。然而,为什么在选择题上的得分没有差异呢?研究者认为,这是由于选择题是非常常见的题型,这制约了提取练习的优势的发挥;而且,在该研究中被试在选择题上的得分都很高,也就是人们常说的"天花板效应"。

　　另外一项研究则进一步发现,对大学生有效的提取活动对小学生无效,如概念地图和自由回忆。在概念地图条件下,给予儿童一些与学习内容相关的概念,让他们用词语或短语把这些概念之间的关系进行连接,然后让他们用五分钟的时间学习内容。在自由回忆的条件下,让儿童学习完内容之后,尽可能去回忆他们学习的内容,并写下它。然后重读这些内容,再给予一定时间去回忆所学知识。但这些方式并没有提高小学生的测试成绩。在小学生中,有效的提取练习是要为他们提供"支架",以便儿童从内容中提取更多的材料。例如,研究中使用有指导的提取练习是儿童第一次在阅读知识内容的同时,需要完成问题地图(带着问题的阅读),然后再去完成无内容的问题地图。目前的研究证明了有指导性和支架性的提取练习对指导小学生学习的必要性,并证明了在大学生中有效的提取练习策略如自由回忆和概念地图很可能对小学生是无效的。

　　还有一项发表在《科学》的代表性研究,让参与者记忆 40 个陌生的斯瓦希里语单词,并对结果进行测试。在这个实验中,参与者被分成 4 组,每组采用不同的记忆方法。实验流程首先让所有参与者把 40 个单词学习一遍,然后马上进行测试。然后,分成 4 个小组采用不同的编码方法继续记忆这些单词。第 1 组如果没有拿到满分,就要把这 40 个单词全部重新背一遍,然后再接受全部单词的测试。如果还是没有拿到满分,那么就得再去背诵那 40 个单词,并重新接受测试。第 1 组如此重复"学习并测试"的过程,直到拿到满分为止。第 2 组没拿到满分的参与者只需背诵在上次测试中出错的单词,然后再接受全部单词的测试。如果还不能得到满分,那就继续背诵出错的单词,并重新接受测试。如此反复,直到拿到满分为止。第 3 组重新记忆全部的 40 个单词,但之后只会测试在上一次测试中出错的单词。如果这次测试还不能拿到满分,那就要重新记忆全部单词,然后再次测试出错的单词。如此反复,直到不再出错为止。第 4 组只重新记忆在上次测试中出错的单词,测试时也只考出错的单词。如此重复这个过程,直到不再出错为止。

　　实验结果出乎意料,各组的实验结果一开始并不存在差异,当天每组重复记忆单词的次数从统计学意义上没达到显著的差异。但是,一周后实验参与者回到实验室再次测试这 40 个单词的掌握程度，这一次测试成绩则出现显著的差异：第 1 组和第 2 组的成绩显著地优于第 3 组和第 4 组的成绩。那么为何一周后的成绩会出现如此差异呢？研究者认为，那是因为第 1 组和第 2 组均在每次重新测试时测验了所有单词，但是第 3 组和第 4 组每次只测试了出错的单词。

　　这项重要的研究成果说明了提取练习的重要性。认知心理学将人脑的加工比喻为计算机的信息加工过程，首先，外界信息输入到人的大脑中，经过人脑这个 CPU，然后输出信息。所以背单词的行为相当于输入，提取保存于大脑中的单词以应对测试则相当于输出。心理学研究者通过输入输出推断中间心理过程，以揭示人的心理本质。这个研究的结果意味着想要更高效的学习记忆效果，就不能忽视提取练习（输出）。

　　学习首先是有信息的输入，然后就该有输出。想象一下，每天都有无数的信息涌进人脑中，人们大脑不可能记住所有信息。那么，人脑判断哪些信息该记住、哪些信息不用记的标准究竟是什么呢？也许大脑会考虑多次反复输入的信息应该是重要的，除此以外，更重要的是提取练习的"输出"，当大脑感受到某个信息被频繁输出进行调用，会更容易觉得这是尤其重要的信息。因此，信息的输入（学习复习）与输出（提取应用）都是非常重要的。

　　提取练习要求人们对自己进行自测，问自己"刚才学习过哪些内容"。研究发现，提取练习比普通的测试效果更好，主要可能源于提取练习需要更多主动的自我卷入，也就是说，需要自己从脑海中回忆并总结概括提取出来。因此，提取练习是一种积极的思维活动，具有主动性的特征，促使人们对旧知识和新知识建立关联，从而使得新知识被记得更为持久，建构人们对事物的理解。提取练习可以不断地提醒和告诉人们，学习过的知识内容存放的具体位置。

　　所以，相对于填鸭式甚至"临时抱佛脚"式的学习方法，学会灵活运用所学知识的学习方法效率更高。比如在复习时与其背诵笔记或参考书内容，不如多做几遍真题集，勤加练习没准可以取得更好的学习效果。提取练习并不一定要写出来。我在读研究生期间，当过一个课程的助教。我让这个课程的学生采用了提取练习的方式进行学习，每次课会让其中一组学生针对课堂内容进行口头快速提问并回答自己提出的问题。虽然时间很短，但是可以看出提取练习带来的好处，学生更容易从记忆中提取知识，而且掌握得越来越好，也确立了学习的信心。

第四章　潜心笃志:高效学习的专注力训练

在新媒体时代,人们的注意力越来越容易涣散,很难沉浸式地阅读文字。人们的阅读方式在发生改变,人们在"扫视"资讯,在一目十行地浏览出现在人们视野中的信息;同时,人们也越来越难以集中注意力去阅读一篇文章,稍微篇幅过长就直接放弃,或者自欺欺人点击收藏,美其名曰"有空再看"。可事实是,大部分被人们注意力所抛弃的文章,可能一辈子都不会再回头去看了。人们身处在一个信息超载的时代。一个人每天接收到的信息,要远远超过大脑每天能处理的信息,人们的大脑每天处于严重超载状态。信息爆炸也就是发生在过去30年之间的事情,显然,人类大脑来不及在这么短的时间内进化出一套"信息净化系统",帮助人们在一堆噪音中快速过滤出有效信息。更糟糕的是,一方面人们的大脑没有能力处理如此庞大的信息;另一方面,人们害怕错过庞大信息里的任何一条。我身边很多的朋友都有点错失恐惧症,他们被爆炸式的信息所包围,却无法抽身而出。他们每天在微信、微博和抖音等社交平台来回跳转,他们害怕错过重要的邮件,害怕错过重要的新闻或者社会话题,害怕错过朋友圈里朋友发布的最新动态。于是,人们真的成了新媒体时代下的"多动症患者"和"专注力杀手"。

大多数人都没有办法逃离时代的喧嚣,有的人跑到人迹罕至的地方深居简出,以此重获内心的宁静。其实,人们需要的不是逃离,而是一套不会迷失在信息洪流中的方法,掌握专注的能力。它可以让人们在纷繁复杂的信息环境里不被打断,安然自处,集中注意力去完成一项工作、一项任务,或者读一本书。那么,要怎么做才能集中注意力呢? 接下来一章中,你将会了解到:为何现在专心做一件事情如此之难? 注意力在大脑中是如何产生的? 如何在日常生活中重新集中注意力?

第一节 专注力的重要性

专注力是高效记忆的关键。专注力是由大脑前额叶控制的,大脑前额叶位于人们额头后方的一大片脑区,在进化史上是最新发展出来的,也是人类大脑和其他动物大脑的一个主要区别,人类大脑额叶远比其他动物(包括灵长类)发达。额叶在人类个体发育过程中也是最晚发育成熟的脑区,差不多要到20~25岁才能完全发育成熟。这也是为什么儿童和青少年在课堂上很难长时间集中注意力,每隔40分钟就要下课休息一次,让大脑重新恢复专注状态。虽然成年人的神经元可塑性下降了,记忆新知识的速度没有儿童和青少年那么快,但成年人较强的专注力和理解力弥补了记忆速度的不足,所以30岁的人的记忆力、学习能力未必比儿童和青少年差。

但现在的多任务模式,在很大程度上影响了人们的专注力。人类拥有一定的可同时处理多项任务的能力,但远不像电脑那样擅长多任务处理。在多任务的现代工作模式下,很多人习惯于短时间之内关注多项事物,不停地切换注意对象。这种大脑运作模式导致人们在任何一件事情上都无法保持长期专注,也就无法深入思考和理解任何一件事。海马区中的短时记忆空间有限,新信息一旦进入,就会挤占短时记忆空间里的旧信息。所以如果你一边打电话,一边把车钥匙放在裤兜里,一边走向办公室,那么你很有可能会忘记把车停在哪里了。这不是因为你记性差,而是因为你的大脑同时运行了多件事。

反过来,短时记忆也是维持注意力的核心。因为当大脑决定专注于一件事的时候,需要先在短时记忆中储存一部分关键信息,然后在继续接收新信息的时候,大脑才能理解新信息,并有效地对其进行归类、加工和储存。比如,在你读到这个段落的时候,需要先在大脑中短时储存"短时记忆是维持注意力的核心"的标题,你在往下阅读的过程中才能理解和吸收新知识。但如果你的短时记忆力不佳,刚看了这一段的头几句,就把"短时记忆是维持注意力的核心"这句话给忘了,那么你就会很难继续集中注意力阅读下去,而不得不回过头去重新阅读。所以,记忆力和专注力是相辅相成的,短时记忆力的好坏会影响一个人的专注力。

在20年前,专注力还是一种几乎没有人关注、被低估了的精神能力,但它又常常被视为成功的前提条件。人们要在生活中取得杰出成就及成功,专注力是必不可少的因素。工作效率的高低以及人们能坚持工作多长时间,取决于人们如何调整并集中注意力。在一定程度上，它可以作为人们生活工作的"助燃器"。同时，专注力也扮演着"看门人"的角色，它可以决定大量信息中有哪些刺激可以进入大脑的控制中心。因此，专注力是自我管理的关键，也是 21 世纪具有决定意义的成功要素之一。简而言之，专注是人们把所有注意力集中在一件事上的状态。也就是说，人们将所有精力像一束光那样汇聚在一起，集中在正进行的任务上。或者换种说法：在最小的点上凝聚最大的力量。

事实上，在大多数情况下人们的注意力都是分散的，是不集中的。专注对于所有人而言都是一种正在变得越来越罕见的例外状态。如果人们真能集中注意力从事一项工作的话，那人们将会事半功倍。最重要的是，通过集中注意力做一件事情，人们能够提升成绩与效率，能够在更短的时间内完成一项任务，并且通常情况下耗费的精力也更少——就像开车时从二档挂到最高档一样，或者说像从走走停停的城市道路模式转换成高速公路模式。这一关系可以用如下的数学公式来表示：成绩＝花费的时间×专注程度（前提是能力水平相同）。

通过集中注意力，人们付出的精力少，收到的成效却不少。神经心理学研究表明，在人们集中注意力的时候，外界的干扰会逐渐消失；人们大脑的注意力会被当前任务所占据。就像你在认真思考数学问题时，会意识不到你的同桌在叫你。与此同时，在注意力集中的状态下，其他的想法都变得不重要。集中精力工作的人不会胡思乱想，甚至能够忘却自身，这是一种健康的忘我状态。如果能够暂时忘却自己的话，人们会感到很舒适惬意。集中精力从事一项工作常常会带来舒适感与快乐，这是因为多巴胺和内啡肽起了作用。想在工作时感到快乐，只需要全身心投入其中就够了！最后，人们在注意力集中的状态下还能够恢复精力。这听起来有些让人出乎意料，但是没有什么事比专心致志、集中精力从事一项工作更能令人满足、让人感到精力充沛的了。从事什么样的工作并不重要，集中注意力工作才是重点。人们集中注意力时，大脑是全心全意为当前任务所服务的，没有将其能量用于其他外界刺激，所以相比之下大脑消耗的能量也就少了。

一项研究表明，目前有 80% 的劳动者无法将精力只集中在一项工作上。似乎自 21 世纪以来，人们就逐渐丧失了专注力。专注力"杀手"远不止一个，到处是它的伙伴，它们互相影响、相互合作。大脑最基本的状态并不是注意力集中的状态，而是注意力分散的状态——也就是说，注意力处于一种划分为很多块的状态，并在不同事物之间来回移动。如果人们的大脑不处理具体任务的话，那么人们身体里的搜索引擎就会来回游走，搜寻周围环境中危险或者有吸引力的刺激。只要这样的刺激一出现,人们的注意力便会转移到这上面来,直到下一个刺激的出现,再转向下一个刺激上,如此不断转移。人们的注意力就像探照灯一样跳来跳去,很少能长时间停留在一件事上——这就是"心智游移"。

大脑的这一基本趋势毫无防备地遇上了当今的这个时代:人们的精神成了数字媒体离心力的傀儡。它从早到晚、或多或少有些无意识地任由各种刺激和诱惑摆布,并对此无能为力。数字媒体的多样性造成了信息的不断增加:手机、平板电脑和笔记本电脑上的短信、电子邮件、即时推送及弹窗争相吸引人们的注意力。社交媒体、实况播报、虚拟游戏和数字游戏不断地转移人们的注意力并将其吞噬。人们的大脑几乎无法处理这些常常相互并无关联且多半不重要的信息,并且人们也没有时间去思考这些信息到底是什么意思。诺贝尔经济学奖获得者赫伯特·西蒙(Herbert Simon)许多年前就警告人们:"信息会消耗其接受者的专注力,信息的丰富导致了专注力的贫瘠。"

大脑的注意力网络(attention networks)是由警觉网络(alerting)、定向网络(orienting)和执行控制网络(executive control)构成的。这些网络分布在大脑皮层内和皮层下的不同区域。当注意力网络的每部分都在工作时,它们可以帮助你适应各种各样的环境,并使你的注意力与你目前的目标保持一致。多任务处理是运用执行与控制功能在对外环境事件和对内存储记忆之间进行切换,来掌握不同的任务。这个网络所拥有的资源有限。因为即使是一个看似微小的中断,也会打扰到注意力网络的运行。比如一个短信提示,你会开始猜测这个短信可能是谁发的,你是否应该停下手头的工作马上查看……在那一声小小的提示声之后,你的大脑里同时运转着很多东西,而当你关注这些大脑内部的信息时,就很难专心做眼前的事情了。

所有这一切都是因为不间断的变换。人们不会将注意力长时间地停留在一则消息或者一部电影上,而是会在信息源之间不停地转换,并且一直想着一个问题:"人们选对了吗? 看的是最有意思的电影吗? 是否错过了别的频道或是其他聊天室里的某些内容?"在周日晚上收看电视娱乐节目似乎是一种充满仪式感的事情,但是在视频软件上看电视剧的人习惯开启弹幕功能,不断猎取其他用户发表的评论。常常是看着这一段的内容,从弹幕中就能得知下一段会发生什么事,要么是囫囵吞枣——快进着看,要么是浮想联翩——对剧情进行过分想象。片子本身已经满足不了人们,许多人甚至对于不停地换台、同时看所有频道感到自豪。就这样,在媒体带来的各种刺激的轮番轰炸下,人们陷入持续不断的混乱之中。

　　事实上，人们长久以来一直坚信多任务处理的能力是存在的：人们可以在开会的同时查看邮件，边吃饭边看电视，边刷牙边听英语。如今大家不都觉得这是日常生活中理所当然的事情吗？如果想取得更多的成绩，有尽可能多的收获并且想要完成尽可能多的工作，那就必须进行多任务处理。但是，在20世纪50年代，英国认知科学家爱德华·科林·谢里（Edward Colin Cherry）利用其经典的鸡尾酒会实验得出了与此相反的结论。实验结果表明：多任务处理是完全不可能的，就像在鸡尾酒会上人们有时候会忍不住在谈话的同时偷听邻座的人谈话一样，谢里让被试戴上耳机，左耳听到一种信息，右耳同时听到另外一种信息。被试的任务是集中注意力听右耳的信息，并尽可能准确地将其复述出来。实验真正想研究的是，被试是否也能复述左耳听到的信息。实验结果是被试中没有人能够复述出左耳的内容，甚至没有注意到左耳信息的说话者是男性还是女性。谢里的实验表明，多任务处理是不可能的。人们以为自己可以同时完成多项任务，但事实上人们的大脑只能集中注意力于一件事情上，它不允许"多轨并行"。但是人们的大脑可以在不同的任务之间快速地切换，它在不同的内容之间来回转换，使人们的短时记忆能力得到最大程度的发挥。

　　这里需要考虑到两种不同的行为类别：潜意识行为和有意识行为。两种行为中如果有一种已经变成了潜意识的动作或者不再被关注，而且人们可以将全部注意力集中在另一种行为上的话，那么两者在一定程度上就可以同时进行。所以人们才能在洗澡的同时听音乐或者在整理房间的时候听新闻。边看电视边吃饭也是可以的，只是吃完之后并不一定会记得食物的味道。同样，在开车的时候打电话，就会分散你开车时的注意力，容易造成交通事故。美国心理学家丹尼尔·卡尼曼（Daniel Kaheneman）在其《思考，快与慢》一书中对此作出了很好的解释：如果人们对某件事非常熟悉并且能够下意识完成的话，那么人们大脑上部（思考较慢的）有意识的控制中心就会将执行这一行为的任务移交给思考较快的间脑。因此，人们可以顺带着开车、刷牙、洗盘子、吃饭以及做类似的事情而不用特别关注这些事。

　　但是有意识并且同时完成两项相互冲突的运动、视觉或是语言方面的行为是行不通的。人无法将注意力同时集中在右上方的点与左下方的点上，比如在写数学题的同时听英语。在看电视的同时上网对于大脑来说也要求过高了：如果边观看电视剧，边在浏览器上寻找旅游目的地，那么在看完电视剧之后，人们可能只有一些零零碎碎的记忆。

　　多任务处理仅仅是个幻想，从多方面看都是有害的，会极大地降低学习与工作的效率。多任务处理妨碍并且损害人的专注力。信息流会因为各种任务之间的不停转换而相互阻碍。这样人们会丧失越来越多的认知控制能力,并且更容易犯错误。也就是说,不停地转换工作削弱了人们专注地接收信息的能力。现在的工作模式渐渐让人习惯于同时处理好几项任务,有人认为这是一种过人的能力,但实际上,多任务工作模式会影响专注力。经常主动或被动地置身于多任务工作模式中,比如一边在电脑上工作,一边用微信聊天,一边吃东西,这样的工作习惯会导致你很难专注于一件事。虽然人具有一定程度的多任务处理能力,但其实人脑远不像电脑那样擅长多任务处理,你能同时做的事情是很有限的,它会导致你在任何一件事情上都无法深入思考。

多任务处理会对学习产生阻碍作用并使记忆力变差。其原因之一在于,如果大脑尝试同时做两件事情的话,那么它就很难将重要信息与不重要信息区分开;另一个原因是,如果在学习的同时做多件事的话,新信息就会被存储在大脑中的错误区域。如果学生在学习的同时看电视,那么学习的内容将会被存储在纹状体中,这是一块负责存储行动技巧的区域,并非用来存储数据和想法,这就是多任务处理导致的知识存储的错位。如果不看电视,新的知识会被存储在海马区中,在这里,新的知识会被分类、整理,以便以后调用。

多任务处理会损害创造力。问题的解决以及创新性的想法闪现往往是发生在人们全身心投入某件事情的时候。如果大脑能在集中注意力与放松之间自如切换的话,这也是很有益的。在大脑放松的时候,人们的想法可以毫无压力地四处游走,这样就能够产生新的联想或在想法间建立新的联系,常常会激发出好的主意或解决方案。尝试同时完成多项任务时就不会有这样的效果。因为多任务处理会导致压力、紧张,它会引起压力激素——肾上腺素和皮质醇的分泌增加,妨碍甚至阻碍人们思考。同时处理多个任务的人会变得越来越焦虑,一项压力报告也证明了这一点:超过一半的受访者认为自己因为多任务处理而承受很大压力,感到身心紧张,并且健康受到了损害。

既然如此,为什么依然会有那么多人追求同时处理多个任务呢?多任务处理真的是21世纪技术变革的必然结果吗?事实上,人们的脑细胞中有一个迷惑人的、内在的"奖赏系统",如果大脑注意力不集中并且不断寻找外部刺激的话,它就会给予大脑奖赏。从生理角度它是怎样起作用的呢?人们的大脑有一个特点——喜新厌旧,其中搜寻新事物的中心被称为黑质。黑质对于新事物的偏爱和人们的食欲、性欲以及其他一些生存本能同样强烈,有时甚至更强。每一个新的刺激都会导致多巴胺的分泌,促使人们继续寻找新的东西。这样人们就陷入了一个由多巴胺控制的反馈陷阱中，但自己却没有意识到，而这又恰恰是人们集中注意力所需要的那一片大脑区域（脑前额叶），它容易被新出现的无关紧要的小事分散注意力：手机铃声、新邮件、网页上弹出的一个窗口或者是一条短信。这些零零碎碎的小事刺激了大脑中热衷于奖赏的"新事物搜寻中心"，每次都会导致多巴胺的爆炸。毫无疑问，这种感觉非常舒服，所有人都想继续体会这种快感。所以会导致周而复始的注意力分散状态，除非人们有意识地将多巴胺带给人们的快感抑制住，才能回到专注状态。

从脑机制来说，缺乏专注力有两方面的原因。原因一，额叶的功能发育不全或者能量不足，导致负责专注力的注意力网络无法把注意力资源分配给特定目标，人们就很容易受到干扰或者走神。比如，注意缺陷多动障碍（ADHD）患者很难在一件事情上长时间保持专注。分布在大脑头顶附近的顶叶、额头附近的额叶和前扣带回等区域组成了注意力的网络，如果这些脑区不成熟则严重影响注意功能。因为 ADHD 患者的额叶发育相对迟缓，所以大脑额叶对默认网络的抑制功能较弱。当 ADHD 患者专注做一件事的时候，一旦外界环境中有新刺激或者其内部大脑中冒出些新想法，他们就无法抑制大脑而切换任务，所以 ADHD 患者很容易被外界信息干扰或者不由自主地分神。原因二，虽然额叶可能没有天生的发育缺陷，但依旧无法在一件事情上长时间保持专注。这是因为人们在长期的生活、学习、工作中养成了不好的注意力习惯。比如，在工作或学习中经常采取多任务处理模式，每几分钟就要换一个任务，不知不觉养成了切断自己专注状态的坏习惯，这种因为经年累月后天的生活模式所导致的专注力下降，和先天大脑额叶的专注力不足的体验是差不多的。

需要提及的是，极少数人的确可以同时专注于两件事情。研究者发现大约有 2.5% 的被试拥有不寻常的能力——可以一次完成三项任务并且不犯错误，这种能力非常少见，多半与基因有关。除此之外，科学家告诫人们不要尝试同时处理多个任务，而是应当学习并且多加练习怎样更好地集中注意力，减少分神。

第二节　提高专注力的方法

一本精彩的书可以让人忘记周围的一切：本以为才过去两小时，结果惊讶地发现已经过去四小时了。当外部刺激或诱惑吸引了人们的注意力时，就会出现这种现象。引人入胜的书籍或是电影，有趣的文章甚至生死攸关的时刻——

这些都吸引着人们的注意力。在这些情况下,人们什么都不做就能集中注意力,注意力会自己作出反应,因此这也被称为"被动注意",心理学称之为"无意注意"。但是,日常生活中,人们需要处理众多大脑可能并不怎么感兴趣的事物,比如,学习某些课程,聆听总结大会,等等。在做这些事情的时候,人们的专注状态很快就会出现问题,如果外部的刺激不够吸引人,注意力没有自己作出反应,应该怎么做?

研究发现,掌握两种语言的人可能拥有更好的专注力。一项研究发现,双语者在专注力、抑制能力和对声音的编码能力方面都更出色。在这项研究中,研究者记录了 23 个会英语和西班牙语两种语言的青少年,以及 25 个仅会英语的青少年在听复杂声音时脑干的活动。在安静状态下,两组青少年的大脑反应差不多。但在背景非常嘈杂的实验条件下,双语青少年的大脑对语言声音基本频率的编码能力更好,这种能力是音调识别和听觉对象分类的基础,可以帮助他们在嘈杂的环境中专注于和他人的互动。因为会说两种语言的人有着丰富的语言经历,所以他们的听觉系统在自动加工声音这件事上变得非常高效。熟练掌握两门语言的人更擅长一心两用,他们可以自如地在两种语言间切换,主动选择想要听的声音,同时忽略无关的干扰声。当然,掌握多种语言显然不是一个快速策略,而应作为一个长期的学习策略来帮助提高专注力,甚至其他认知能力。但假如事情不够新奇,没办法吸引足够的注意力,那么如何保持持久的专注呢?

一、排除干扰

尽可能排除所有的干扰以及会导致人们分神的刺激,不仅是外部的(如通信工具和伙伴),还有内部的(如担忧、害怕、白日梦)。这样做的好处是,人们不会束手无策地任由干扰摆布。

对于外部干扰,最关键的是,你要确保自己不被打断,因为打断是注意力的头号敌人。如果你的手机处于开机状态,那么对一些人而言,它就像"随时驰援的信号",时刻召唤着你。时间一长,这会导致人们精神焦虑。因此,请你将手机关闭一段时间。为集中注意力工作创造时间上的保护区,建立时间孤岛以便可以不受干扰地工作。人们要做的是:关闭或远离手机;如果必须用手机,那么尽量不开流量、不开 WiFi,不看微信等;如果可以,事先交代别人某段时间内不要打扰自己。现在一些办公室都可以在门口设置一个标志,可以选择"忙碌""外出"或者"有空"等标志以告诉他人自己目前的状态,这是很不错的选择。

对于内部干扰,人们无法阻止它们的出现,但至少可以把它们暂时抛在一边。使内心这些声音沉默的有效手段有以下几点:① 将未完成的事情立即写下来(比如给妈妈买生日礼物)。这种做法会让大脑认为这件事已经暂时处理过,这样就能回到手头的工作上来了。② 短暂中断工作,将注意力从对未来和过去的胡思乱想转到当下。请你花几分钟时间,闭上双眼,将注意力集中在脚上,感受脚下的地面,接着缓慢向上感知你的身体直至手臂,关注呼吸,接着睁开双眼,有意识地往四周看一圈,将目光转向你眼前的任务,然后继续工作。什么时候你感觉自己又分神了,就再次将注意力集中到自己的身体和呼吸上。简单的呼吸训练或者冥想即可。

二、设置清晰的目标

无论如何,知道自己需要什么,有一个明确的任务和目标,这是专注力首要且最基本的要求。为什么它这么重要呢?目标或任务,能阻止注意力四处游走寻找其他刺激。也就是说,一个明确的目标所具备的吸引力是指它能使人们的思想(至少暂时性地)对其他刺激变得不敏感,使人们能够较长时间集中注意力。有了明确的目标,专注力会像一束光一样汇聚在达成目标的事情上,而使其他刺激变得灰暗。我平时每日早上都会首先设定一日目标来开始一天的工作,这样带来的好处就是,我可以在这一天至少花两个小时高效专注完成一些工作。

目标或任务的设置不要太简单也不要太难,最好是努努力就能达到的难度,这样你的大脑才会被吸引住。专注和任务质量的设定有关。任务不能太难,否则人们会有太大压力而紧张。人们的身体会分泌出更多的肾上腺素,这是一种会阻碍思考的激素。思考不畅会导致人们很难应付当下困难的任务,并且完全不会获得成功的体验,相反,人们会感到沮丧。这是人们的大脑所不喜欢的,它会去寻找能给它带来更多乐趣的东西——人们的注意力就是这样被分散的。任务也不能太简单,否则容易造成注意力的转移。如果大脑感觉要求过低,那么它不会长时间满足于现状,而是会给自己寻找更有趣的事情,于是人们的精神便开始四处游走,最后要么找到一个新的、足够刺激的外部诱惑,要么开始做白日梦。20 世纪 50 年代就有研究表明,在一定时间段内,大脑只能接受和处理有限数量的新信息。因此,影响专注程度的不仅是任务的难度,还有数量,所以在一段时间内不能处理太多类任务。

三、合理利用注意力

成年人的注意力可以持续 30 分钟左右。一旦超过这个时间段，无法继续集中注意力也是理所当然的。当人做一件事时，注意力一般会在开头和结尾比较集中，类似于记忆内容的开头与结尾部分总是记得更好。举例来说，人们常常在考试刚开始时能集中精力答题，在考试马上要结束的时候答题效率也会提高。但在考试的中间时段注意力容易分散，没有紧迫的感觉，因而浪费不少时间。为了避免日常自习或考试中途过于松懈，方法之一就是把自习的时间分成前、后两部分。例如，当自习时，人们可以想象前 30 分钟一到自习时间就要结束了，可以休息 5 分钟左右，而后 30 分钟又是一场新的自习。这样一来，就能更好地运用注意持续性的原理规律，让大脑保持兴奋。

一项研究发现，仅需短暂改变一下任务内容，就可以大大提升后续的专注力。在这项研究中，这些实验参与者最开始被分成了 4 组。第一组需要不间断地完成 50 分钟的电脑任务。第二组和第三组在实验开始前需要记住 4 个数字，并且被告知当他们在实验中看到这几个数字时，需要作出特定的反应。第二组和第三组的不同之处在于：第二组在做电脑任务的过程中确实看到了这些数字，并且作出了反应；第三组在做任务的过程中并没有看到任何数字，所以他们也是 50 分钟不间断地完成了电脑任务。第四组在完成电脑任务的过程中看到了数字，但他们却在任务开始前被告知可以忽略这些数字。实验任务时长 50 分钟。结果发现，大部分实验参与者在 50 分钟内表现逐渐下降，仅第二组的专注力从头到尾没有明显变化，这一组就是在完成任务的过程中看到了数字，并且对数字作出特定反应的参与者。该实验结果证实，人脑是被大自然设计出来对变化作出反应的，长时间做同一个任务会降低一个人的任务表现，但只要中间短暂地穿插一些别的任务，就可以保持持久的专注力。

所以，平时在学习或工作的时候，不要持续做同一件事太长时间。每隔 20～30 分钟就短暂地休息一下。假如此时刚好又饿又困，可以去喝杯咖啡和茶、吃点食物再回去工作或学习。当你的大脑功能正常，你又不太疲劳或饥饿时，大脑负责专注力的网络通常可以成功地抑制大脑默认网络自发的胡思乱想，让你维持专注状态几十分钟。专注力也和人的觉醒程度有关，人越清醒越能长时间保持专注状态。晚上犯困的时候学习或工作，就会难以集中专注力。因此，必须在工作学习的时候让自己不觉得饿或渴或疲劳。过度的进食会让血糖突然增加而产生困倦，所以高效学习或工作时候也不能太饱。一些研究也表明,保持端正的坐姿有助于维持专注,因为动作肢体会改变心态。最后,在30分钟左右的间隔,也可以花几分钟活动一下身体,或者玩几分钟游戏,甚至可以切换姿势继续工作学习也是一种不错的选择。

四、行动起来

很多人明明深知学习的必要性,却怎么都提不起学习的干劲。实际上,这种学习干劲用术语来讲就是学习动机与热情,是学习过程中一项非常重要的因素。

大脑的纹状体在动机、奖励等方面非常重要,负责协调低级运动和高级运动,并且与人们在社会互动过程中抑制不良行为的能力息息相关。纹状体能够被新奇的、意想不到的、强烈的事物所激活。其中,腹侧纹状体(包含伏隔核和嗅结节)参与了奖励过程。背侧纹状体的尾状核被大量多巴胺神经元支配,这与它在学习和记忆过程中的作用有关。多巴胺系统参与反馈处理过程,当个体收到反馈时,尾状核将被激活。壳核影响强化学习和内隐学习。强化学习对充分发挥自己的能力、面对环境作出最佳反应意义重大。

因此,想有学习的干劲就必须要让纹状体活跃起来,就必须给予其一定程度的刺激。人脑必须受到些许刺激才能让自己有干劲。例如,开始学习前先去图书馆找个书桌坐下来,学习一旦开始便能刺激人们的纹状体。唤醒纹状体需要一定时间,所以需要不间断地学习十分钟再说,慢慢地注意力也能集中了。俗话说"万事开头难",这从脑机制角度来说是有道理的。

此外,有研究表明,延迟奖励会弱化决策的价值,从而导致学习能力的减弱。这项研究的目的在于利用短时间的延迟来测量腹侧纹状体的功能性磁共振成像反应,这是大脑的一个关键奖励中枢。即时奖励比延时奖励更有效。所以,及时给自己一些奖励也是有必要的,例如学习了一早上,中午吃点喜欢的食物犒劳自己吧。

第三节　压力下的专注力

一、肾上腺素及其效果

在人类进化史中,有一种生存机制是在遇到攻击或是危险情形下高度集中注意力。缩小视野专注在一个目标上,同时肾上腺素对身体产生影响,这些可以防止石器时代的人在受到野兽攻击时思考过多——最好赶快逃跑,或是用矛扎死野兽。战斗或逃跑反应在过去(在现在也同样)是生命的保障,人们是在用一种预警机制对外界的刺激作出反应。

当然,这一预警机制在今天失去了它的意义,对人们来说甚至会是不利的。人们现在的生活并不像以前原始社会那样长期处于高度紧张戒备的状态。而且过量的肾上腺素会阻碍人们思考。人们在紧张状态下虽然能集中注意力,但这只是专注的一种有限形式,它只是对危险的一种单纯反应,其目的仅仅是生存。在这种状态下思考本就不易,再加上肾上腺素的分泌,人们的思维过程可能会被阻断。假如肾上腺素的分泌水平超过了临界值,它就会阻碍大脑中突触之间的信息传递。

在紧张状态下,还有一个因素会对专注力产生负面影响。简单来说,人们的大脑有不同的工作频率。在熟睡状态下,脑电波频率在 $0.5 \sim 3$ Hz 之间,在高度放松的状态下为 $3.5 \sim 7$ Hz。当人们充分休息并处于放松状态时,这一数值在 $8 \sim 14$ Hz 之间,这也是集中注意力的最佳频率范围。然而日常生活中则是以处于 $15 \sim 45$ Hz 间的波为主。通常情况下,脑电波频率在 $20 \sim 22$ Hz 之间。但是工作给人们造成的压力越大,对人们的要求越多,脑电波频率就越高。遗憾的是,脑电流频率越高,人们的工作能力以及专注力就越差。

二、缓解压力的方法

在日常学习与工作中,压力和注意力往往是水火不相容的。利于人们集中注意力的最理想方法便是将生活中所有会造成人们身心紧张的因素一一排除。这在有些事情上是行得通的,例如,如果经常由于时间压力而陷入紧张状态,那么可以设立缓冲时间;如果在工作上遇到困难,那么可以及时寻求帮助。人们在面对生活中干扰注意力的压力时,应该怎么做呢? 为了实现促进注意力集中的压力管理,主要可以从以下三点着手。

1. 规律运动

由压力所导致的肾上腺素分泌对于集中注意力是有害的,同时会妨碍思考。人们要做的是降低肾上腺素的分泌水平,长期有规律地进行体育锻炼或者其他形式的肢体运动会提高专注力。肾上腺素是用于战斗或逃跑的激素,它在危险状况下会释放出过多的能量。因此,为了提高专注力,利用某些方式释放这些堆积的能量并以此降低肾上腺素分泌水平就很重要。慢跑、骑行、打羽毛球或者进行任何一项体育运动都能消耗压力激素,缓解紧张情绪。造成压力的因素依然存在,人们无法从根源处将其摆脱,但至少可以缓解压力,使人们处于一个相对放松的状态,能够更清晰、专注地思考。该方法的好处是容易实施,还能增强体质。定期使用此方法,你就可以将压力激素的分泌保持在较低水平,还可以更好地应对暂时的紧张并持久地提高专注力。

2. 听音乐

紧张状态下的脑电波频率是不利于集中注意力的。减少肾上腺素的分泌可以让人平静下来,并将大脑进入到另外一个模式。目前有研究认为,通过人工的方式例如音乐可以使集中注意力的 α 波快速产生。因为大脑是通过制造一定的波形来对外界刺激作出反应的,所以你可以借助相应的音乐作品在大脑中创造出 α 波,从而达到放松、更易接收新信息并且能够集中注意力。但是,这样的研究结论还存在争议,有人认为这仅是安慰剂效应,不过试试又何妨呢?可能有利于大脑中 α 波产生的音乐作品有:

① 约翰·塞巴斯蒂安·巴赫(Johann Sebastian Bach):《哥德堡变奏曲》(咏叹调)或《D 大调第三管弦组曲》(咏叹调)。

② 乔治·弗里德里希·亨德尔(George Friedrich Handel):《D 大调第三协奏曲》的广板(焰火音乐)。

③ 安东尼奥·维瓦尔第(Antonio Vivaldi):《四季》。

④ 米夏埃尔·朗鲁埃(Michael Ramjoué):《沙漠之梦》。

⑤ 桑德兰(Sandelan):《寂静》。

3. 微笑放松

微笑非常简单,以至于人们不会将它和专注力联系起来。在大笑或微笑时,你会通过调动笑肌向大脑发送信号,大脑会感知到你心情很好,这样你的体内就会产生内啡肽。体内含有的内啡肽越多,你就会越高兴。这种幸福感会影响激素分泌:内啡肽会使得体内现有的肾上腺素慢慢减少,最终甚至会被抵消。

无论是发自内心的笑还是假笑,大脑都会收到开心的信号。只需一分钟时间,你就能明显改善自己的心情。一分钟之后你就能感受到心情会有明显改善,更重要的是,你的大脑可以更好、更专注地工作,因为它摆脱了肾上腺素的阻碍。

第四节　延长专注力的"续航时间"

注意力常常无法自己集中，但是人们可以创造专注的状态，或者至少创造有利于注意力集中的条件；人们不仅要时不时地创造专注的状态，还要让它一直陪伴着人们，尤其是在工作中。因为只有这样，集中注意力的积极作用才能真正得以发挥。

人们常说"打江山容易，守江山难"。注意力也与之类似：人们专注做事的频率越高，大脑就越容易进入专注的状态，人们也就越容易长时间聚精会神地做一件事情而不走神。诺贝尔奖获得者詹姆斯·赫克曼（James J. Heckman）认为人生取得成功，不仅智力和知识起着重要作用，最主要的是还要坚持做一件事情，不被挫折打倒，要在别人放弃的时候展现出自己不屈不挠的精神。

在能够迅速取得积极的结果的时候，人们的目标也会变得更明确，人们常常能够克制自己坚持下去。因此，奖励就成了"说服"人们坚持下去的最直接的动力和最常用的方法之一。人们可以用酬劳、奖金、红利、升职、赞扬、表彰、恭维和爱抚等来达到长时间激励的效果，但是这种方法存在的问题也很快显现出来：奖励多少才合适？

美国著名的激励心理学家弗雷德里克·赫茨伯格（Fredrick Herzberg）借助一张可爱的驴的照片，在以他的名字命名的"赫茨伯格模型"中描述了这种进退两难的境地。最初的问题是："怎样才能使驴跑起来？"一种可行的方法是让它看到可能获得奖赏的希望。在这种情况下，奖赏便是放在驴鼻子前面的胡萝卜。这头驴动起来，跑了一段路——必须让它能吃到胡萝卜，它才不会太沮丧，为了使这头驴接着跑下去，人们就需要一根新的胡萝卜。也就是说，人们面临的是一个经济学的问题：奔跑的动力持续多长时间，取决于人们拥有多少胡萝卜。

可惜人并不像驴那样简单，人的欲望更大：人不会一直满足于胡萝卜。想用酬劳使人坚持做一件事，就必须不断提高酬劳数额，因为人们很快就会习惯于已获得的东西，而这习惯是与酬劳对人们的激励作用相反的。这种做法不仅难以持久，长久来看也是很昂贵的。那还有什么方法能让驴跑起来呢？赫茨伯格想到了一个办法：踢驴的屁股一脚。这种方法代表着压力、威胁、惩罚、制裁、斥责、批评、制造内疚感，等等。

就像刚才运用胡萝卜来达到激励效果的方法一样，这种方法也常被使用，它在一定程度上是行得通的,但是也面临同样的问题:压力持续多久,激励的效果也就持续多久;如果压力减少的话,激励的效果也会下降。对于人们的专注力而言,"压力"这一激励方法还有另外一个重大的缺陷:虽然一定程度上的压力,例如计划在某段时间内完成哪些工作量,是必要的也是有益的,可以让人们坚持完成一项任务,但如果压力过大的话,可能会适得其反。人们在太大的压力下工作,会陷入紧张状态,从而导致肾上腺素分泌,在这种状态下,大脑会寻找逃离这一危机的方法,从而无法专注在导致压力的事情上。仅仅通过制造压力来集中注意力必然会导致注意力分散。

一、心流与多巴胺

心流在心理学中是指一种人们在专注进行某行为时所表现的心理状态。心流产生的同时会有高度的兴奋及充实感。人们如何才能做到长时间坚持做一件事而不分神,并且进入心流状态呢?对有些职业群体而言,高度并且长时间集中注意力的状态在一定程度上是工作成功的基本条件,其中就包括外科医生。典型的准备工作——穿上手术服、洗手并消毒、戴上帽子和口罩,这些已经表明,手术需要人们充满仪式感地从日常世界中撤离,逐步进入一个没有干扰和分散注意力的事物的世界。外科医生一旦进入手术室,那么他的视野就局限在一块一目了然的、被灯光照亮的区域,外界一切仿佛都消失了,任何事情都不会让医生的注意力离开最重要的东西——病人和接下来的任务。医生在接下来的时间里几乎不可能吃东西或喝水,查看信息或者和同事聊天也得留在手术结束后,他很有可能根本不会浪费一丁点时间在思考这些事情上,因为工作占据了他全部的注意力。他进入了一种"心流"的状态。

心流状态主要和以下两个因素有关:人们面对的任务和自身的能力,而起决定作用的是这两个因素之间的关系。他们的关系共有以下三种可能:

(1)个人能力很强,但任务难度小。

这种情况下,工作任务往往不能引起人们足够的兴趣与专注力,人们会感到无聊。而在这种无聊的状态下,人们的大脑会寻找新的、有趣的刺激——它开始搜索周边环境,并且不断检查是否有更吸引人的任务。于是,人们开始上网、做白日梦以及完成不重要却很费时间的任务,并容易被干扰和分散注意力。简而言之,人们很忙,但一点也不专注。在这样的一天结束后,人们会觉得劳累、疲惫,不是因为超额完成工作,恰恰相反,人们完成的工作总量并不多,劳累、疲惫是因为人们工作的方式:注意力分散、从一个刺激转向另外一个刺激、频繁切换频道以及处理多项任务。这些不恰当的工作方式使人们的大脑过于劳累。

（2）任务难度很大，但是相比之下个人能力不足。

这会导致压力的产生和肾上腺素的分泌，就像前面描述的那样，这对于注意力而言是不利的。大脑会选择逃避、绕开这一挑战，大脑不能提供所需的能量，人们无法将注意力集中在自己无法胜任的任务上。由此得出一个明确的结论：如果人们面对的任务与其能力相比太简单的话，那么人们就会觉得无聊并且注意力不集中；相反，如果任务太难，那么人们就会感到焦虑，注意力同样无法集中。

（3）任务难度和个人能力就像钥匙和锁一样完美契合，这也是一种理想的状况。

任务对你来说虽然有挑战性，但你每时每刻都确信自己能完成这项任务，在这种情况下，你就会进入心流状态，就像外科医生工作时一样。工作仿佛自己在完成，你虽然触及了自己能力的边界，但并不会觉得工作对你的要求过高，任何东西都无法打扰你、分散你的注意力，它们都被你"反弹"回去了。这是一种人们做任何事情的时候都可能达到的状态，无论这件事情是容易的还是困难的，吸引人的还是枯燥乏味的。

仅仅知道达到心流状态的前提条件并不意味着人们就能够每天多次主动进入这种状态。产生心流的理想状态是任务难度和个人能力的完美契合，然而工作中通常都充斥着例行公事，大约只有五分之一的工作者在日常工作中能遇到这样的情况。心流和专注相互作用的有趣之处在于两者处在一种双向的关系中。不仅心流能够引起专注，这一机制也可以反向运作：当人们全身心投入一件事情，不受外界诱惑的干扰时，那么人们很有可能进入心流状态。戈尔曼（Gorman）曾说，全神贯注能够促使心流的产生。因为大脑通过集中注意力进入了一种各部分完美合作的状态。与具体任务相关、对任务的完成不可或缺的区域得到最佳的利用时，其他非必需的、在某些情况下会导致分神的大脑区域就被闲置了。

在这方面，人们体内的"奖赏系统"也起着重要的作用，它主要为人们提供神经传导物质多巴胺。多巴胺是一种由人体分泌的物质，它作为神经递质，负责将信息从一个神经细胞传导到另一个神经细胞。许多科学家都作出过这样的推测：如果人们有目的性地、专注地从事一项工作，那么多巴胺的分泌就会增加，它能让人们的大脑更好地把重要的事情与无关紧要的事情区分开来。人们的思考速度会加快，会比平时更有创造力，工作也会更容易上手。这种大脑兴奋剂很快会显现出效果,人们内心愉悦并得到激励坚持下去。也就是说,专注导致多巴胺的分泌,多巴胺激励着人们,促使人们坚持下去,并且帮助人们集中精力在一件事上。通过这种方式,大脑以一种绝佳的状态来工作,人们非常有可能在自己能力范围之内取得最优异的成绩。这与工作类型的关系不大,即使是很无聊的日常事务,人们也可以在专注的状态下快速、尽可能好地完成并且感到心满意足。

二、专注力"续航时间"

科学研究表明,注意力和工作效率在50分钟之内会出现明显的下降。如果有人在你工作的时候将你与一台脑电波仪相连,并且通过这种方式来记录你的脑电波,那么你将会在显示屏上看到自己的工作能力是如何呈现急剧下降的趋势的。

连续数小时持续专注地工作几乎是不可能的,但是在现实生活中,人们经常会连续不停地工作。其中的奥秘在于,工作效率的降低是一步步进行的,就像温水煮青蛙时逐渐上升的水温一样,人们通常根本不会注意到自己的专注力正在减弱以及减弱了多少,也不会注意到人们的注意力只剩下开始时的一小部分。渐渐地,人们的工作效率降低,必须花费更多的力气和时间,能休息的时间也就越少,于是导致更加低效地工作——恶性循环。

想知道这样的恶性循环该如何解决,就得知道何时需要休息和怎样在休息的过程中尽快恢复。但人们首先要认识到,早在最初筋疲力尽的迹象出现前,专注力就已经大大衰退。因此必须让休息成为人们工作中的固定组成部分。人们通常(起码是从事体育工作的人)都知道如何让过度劳累的肌肉恢复,但"精神肌肉"如何恢复呢?答案很简单:休息。具体说就是把人们的注意力从刚刚在忙的工作中转移出来,放到恰好出现的任意一件其他事情上。但是,请注意:不是所有能对人们产生刺激的事都能带来持续的放松。网络和电子邮件虽然可以转移人们的注意力,但其带来的巨大刺激也会令人们疲劳。这不仅没有使人们的精力恢复,还会加重大脑负担,得不偿失。进行简单易行的放松活动效果要好得多,散步便是理想选择。比如说你可以养成这样的习惯:有规律地在进行45~50分钟专注工作后快速地绕着写字楼跑上一圈,脚步尽可能轻快,就像是快走或者放松地慢跑,这比起你强行用咖啡提神好得多。

如果你想加强上述休息带来的恢复效果,可以在条件允许的情况下,在附近找一个公园或者是一个有尽可能多的绿色植物的环境。这样做的原因是:与在城市里散步相比，在大自然中休息更有利于大脑恢复活力。高楼林立的都市环境中有太多让人们分心的东西，无数的刺激（交通、噪音和广告）也会吸引人们的注意力。与此相反，小公园或是建筑群中的绿地带给人们的是温和的刺激——随风摆动的花草树木、喷泉等，而恰好是这样的方式可以为专注的工作提供新的能量。单单是在脑海里想象出一片自然风景就足以产生放松的效果，坐在一幅风景画旁边也能比在街边的咖啡店里得到更好的休息。

三、学会放松

但是，有一个问题是这种放松方法不能解决的：在休息阶段人们的大脑还是有机会回到刚刚被暂时忽略的事情上——那些尚未解决的问题，没有支付的账单或清晨和伴侣的争吵，这些对于高效的休息来说都是干扰因素。人们必须将内在的干扰因素排除，这样才可以专注地放松。这听起来似乎是互相矛盾的，就好像人们通过放松所达到的效果又通过专注于放松被消耗掉了。但事实并非如此，关键在于选择怎样的放松方式。

理想的方式是选择简单易行、不太费力的活动，放松与冥想是很好的选择。两者的共同之处在于将人们的注意力转向一种特定的身体感觉或呼吸，这样人们就不会胡思乱想了。同时，放松或冥想不会让人们的精神太过费力，也就不会破坏精神的恢复了。

人们也可以采取完全不同的方法来恢复精神。小明的办公室里放着一架电子琴，他说这架琴是自己的"放松神器"，他说自己并不是一个非常有激情的演奏家，但每天都会弹上几次，每次几分钟（当然是戴着耳机，这样就不会打扰到别人），然后就可以更放松、更专注地工作。这背后的机制显而易见：专注力从工作中转移到了演奏电子琴上，演奏对于他来说不是一件费力的事而是在放松状态下集中注意力的方式，他可以在其中得到最好的恢复并重新集中注意力。虽然并不是每个人都可以在办公室放一台琴，而且其他的乐器也不适合办公室的环境，但还有很多其他的放松方法，并且都简单易行、适合精神恢复。

放松靠的是分散注意力。人们需要集中精神工作时，注意力分散是不可取的，但这不一定意味着，注意力分散的状态就是差的或低效的状态，很多时候发散的思维对于创造甚至是大有帮助的。比如，数学家高斯关于许多数学问题的答案都是他在做一些与数学无关的、鸡毛蒜皮的事情时突然想到的。所谓灵光乍现（也就是顿悟）可能就是这样。

虽然这可能不符合人们对学术研究的设想，因为它并不是在书房里专注的进行,但对于某些特定的工作来说,让自己的思维自由地、发散地游走是非常有用的。有些人在这种状态下似乎更能发挥创造力并找到解决疑难问题的答案。患有 ADHD 的人无法持续集中精力,他们的思维过度发散,对这些人来说,长时间专注在一件事情上是非常困难的。人们以创造力为研究对象,得出的结果是 ADHD 患者在创造力方面表现得要比普通人更好——总体来看,面对所提出的问题,他们给出了更多富有原创性的答案。在实验中通过检测脑电波可以发现,ADHD 患者脑部负责思维变化的区域较为活跃,这对创造力似乎有所帮助。ADHD 患者的精力很难长时间集中在一件事情上,他们常常分神,但这正好有利于他们创造力的发挥,他们不易被之前的样式禁锢自己的想象力,创造出来的内容也更为天马行空。

通过检测脑电波,科学家还观察到,思维的发散与创造力之间有着进一步的联系:在富有创造力的认知过程之前,大脑中会出现 α 波,它意味着大脑处于一种清醒、放松且专注的状态,这也是人们做白日梦时所处的状态。在这一状态下,人们可以自由联想,而不会拘泥于一件事或者一种解决方案。

自由发散的思维可以帮助人们发挥创造力,通过这种方式,人们的思维可以找到问题的答案,这也给了人们自我反思的机会。通过自由发散的思维,人们可以设想未来发生的场景或者更好地理清过去。此外,这样的"创造性发散思维"过程也是一种休息,在这期间,人们的大脑有机会再次积蓄力量,并用于传统意义上的专注,以完成一项具体的工作。

四、让思想流动起来

专注力和创造性发散思维之间相互影响。专注力对于解决一项给定的问题、完成任务和保持高效率来说是好的、有利的并且重要的,但人们常常需要离开专注的框架,建立一个新的立足点,给予创造力一定的空间来产生新的想法和答案,而将这些想法和答案付诸实施又再次需要传统的、专注的工作。所以,请为你思维的自由发散留出时间,在计划外留一段时间,让自己在大自然里、在散步中、在阳光下的躺椅上、在浴缸里或是在任何一个你觉得惬意的地方度过。但是如果你不是有意识地把这段时间写进你的计划里,你多半不会想起去做它。所以,有计划地给自己时间去放松。这并不矛盾,虽然这段时间是计划外的,并且你没有安排任何要做的事情,但也得把它放进拥挤的时间表里去,也要对它的可实现性进行规划。尽早把这段时间写进计划表里,同时确保不在这段时间里安排其他事情,就能从富有创造力的自由空间中获得更多益处。

一些建议：

① 每天抽出 10～20 分钟时间冥想或者只是安静地坐着，观察自己的呼吸。

② 冥想时中途暂停并感知自己的思想是如何变化的，或者使注意力"穿行"全身。

③ 日常生活中抽时间有意识地去做一些简单的事情，尽量人为地放慢动作，就像在慢镜头之中。

④ 进行需要全神贯注的活动。如：登山、划船、骑马或打高尔夫球之类的运动；下棋、打牌、足球或网球之类的对抗性运动；绘画、写作、演奏音乐或跳舞之类的艺术性活动；读书之类的脑力活动；园艺、做饭或者打扫房间之类的手工活动；还有其他各种需要保持专注的活动。

第五节　新媒体是把"双刃剑"

以手机媒体为代表的新媒体已经成为主流媒体，而且手机媒体已超越第一代有线网络媒体，成为新媒体的主流。

一、手机带走了专注力

最近几年，人们已经到了智能手机不离手的程度。手机如此重要，不仅随时用于沟通联系和娱乐，还要用于付款和扫码。有人开玩笑说，"如果没带手机出门，就如没穿衣服一般"，生活和工作的便利程度都会大大下降，而且会产生"分离焦虑"，坐立难安。一项 2017 年的研究发现，习惯性使用智能手机会显著地影响人们的专注力。如果你把手机放在触手可及的地方，即使处于关机状态，也会显著地影响专注力。在这项研究中，实验人员要求参与者在电脑上完成一个需要高度集中注意力的任务。但实验参与者不知道的是，这项研究真正关心的是手机对他们专注力的影响程度。在做任务之前，实验人员随机把实验参与者分成三组。第一组需要把手机正面朝下放在桌子上，第二组需要把手机调成静音后放在衣服或裤子口袋里，第三组需要把手机调至静音后交给实验人员放到另外一个房间。接着，他们开始集中注意力做电脑任务。做完任务后，研究人员统计了所有参与者的任务表现。结果发现，虽然所有人都觉得他们在做任务时非常专心，但事实上不同组的任务准确度是不一样的。其中表现最好的是第三组——那些把手机放在另外一个房间里的人，他们的任务准确度明显比第一组和第二组好，而第一组的任务表现最差。

生活中，人们在工作或学习时常常把手机朝下放在桌子上，或者放在身边的包里，以为这样就可以避免手机的干扰。但这个实验告诉人们，把手机放在触手可及的地方会在潜意识里影响你的专注力。为什么把手机放在旁边会对专注力产生这么大的影响呢？这是因为大脑的注意力资源是有限的。当你把手机放在触手可及的地方时，虽然你主观上认为自己没有去想手机，但因为你在生活中已经习惯了随时随地拿起手机，所以你在工作时也会情不自禁地想要去拿手机，这就需要你刻意压抑自己的冲动。压抑冲动就会占据你的注意力资源，从而降低完成任务的专注力。把手机调成静音或者关机也没有太大作用。这项研究表明，不管手机是开机还是关机，是正面朝上还是正面朝下放在桌子上，把手机带在身边这件事本身就会影响你的专注力。在这项研究中，科学家还询问了实验参与者对手机的依赖程度，并分析了手机依赖程度和专注力两者之间的关系。结果发现，对手机依赖程度最高的人，在专注任务中的表现也最差。不过，即使你是重度手机用户也无须绝望，因为这个规律仅适用于手机放在桌面上或者放在口袋里的情况。当把手机放在另一个房间里时，即使一个人的手机依赖程度很高，其完成专注力任务的表现也不比手机依赖程度低的人差。因为不良生活习惯造成的专注力低下，可以通过一段时间有意识的训练加以改善。

如果你长期使用智能手机，养成了每隔几分钟就掏出手机查看信息的坏习惯，那么改变的方法是在需要专心工作或学习的时候远离手机。智能手机具备太多功能，以至于人们做任何一件事都会想到用手机，而且欲罢不能。要克服这种诱惑，唯一的方法就是把手机放在距离你较远而不是触手可及的地方。所以，当你早上来到办公室准备全身心投入工作时，你要做的第一件事就是把手机放在包里，然后把包放在距离遥远的另一个房间或者储物柜里。总之，让手机离你越远越好，像这样的物理隔绝可以最大限度降低你对手机的依赖性。

人的专注力是稀缺资源，当你尝试把有限的专注力分配到几个任务上时，就容易犯更多的错误，或者单个任务的完成速度会变慢。在工作或学习的同时，你可能还会在社交网络上聊天，以及听音乐、查收邮件。大脑习惯性地在不同的任务之间切换，分配在每一件事情上的专注力就减少了。人们知道，进入专注状态是需要过程的。当你采取多任务模式时，你花在每一件事情上的时间就会变少，还没来得及进入专注状态，就又切换到了另一件事情上，这导致你做任何一件事情的状态都不是专注的。损害专注力的多任务模式一旦变成习惯，人们在生活、工作和学习的方方面面就会变得难以保持专注的状态。

幸运的是,人的大脑终身具有可塑性。人们可以养成一个习惯,也可以改变一个习惯,所以,大脑可以习惯多任务模式,也可以通过训练恢复专注的思维模式。人们之所以会走神,是因为思维涣散是一个渐变的过程:在走神过程中,一开始你的注意力略微下降,然后渐渐地进入考虑另一件事的状态,当这个思维涣散过程从无意识到有意识时,你才会发现自己走神了。一旦你意识到有走神的念头或者举动,就要马上把注意力拉回来。每天反复训练自己"把注意力拉回来"的能力,当你逐渐适应了 10 分钟专注于一件事时,就逐渐延长到 15 分钟、20 分钟、30 分钟。人们的大脑单次保持专注的时间可能不会太长,只有 10～20 分钟,但经过反复练习,人们可以逐渐做到每当走神就迅速地再度进入专注状态,中间无缝衔接,这样一来就可以保持很长时间的专注状态了。

二、新媒体是把双刃剑

在心理学家延斯·科尔森(Jens Corssen)看来,"手机带来的幸福毁了人们生活中真正的幸福"。真实的幸福感是一种"克服困难后的奖赏",是因为人们通过自己的努力实现了某些目标,但手机带来的幸福感恰恰相反,它将提供的奖励分成一个个小的单元,使之得来毫不费力,并且转瞬即逝。"赞"是社交媒体的流通货币,醉心于获得更多的"赞",会导致很多人用虚拟的交流替代真实的交流,长此以往会让人们患得患失并感到不幸福。此外,持续的干扰还不利于人们的工作效率,并且会带来压力,严重的时候还会导致数字疲劳——损害人们的专注力。

为了维护人们建立起来的虚拟关系,人们需要不断地上传新内容、更新自己的近况。这会产生很奇怪的后果,因为人们被迫不断更新的时候是处于一种分裂状态的:人们在某个地方,甚至是跟其他人在一起,同时又要向大家报告人们在做什么。比如,我们去旅游,为了有好看的照片能发朋友圈,我们在旅行中不断拿着相机、手机进行拍摄,而忽略了当下好好地去欣赏眼前的美景。人们表演着、展示着自己最理想的行为状态,在现实和虚拟世界之间来回转换,在不同的层面上跳来跳去。这会造成人们无法完全投入当时环境,并最终损害专注力。

教师们早已观察到人类核心思维能力的缺失,并将原因归结于越来越被频繁使用的新媒体。比如阅读,它是一个复杂的过程,不仅仅由"读"组成,还包括对所读的东西进行归类,这才是阅读的真正作用(特别是为了学习而读书的时候)。大脑创造了一种运作模式,会吸收新的内容并将其与已知的内容联系起来。但近年来,学生们阅读较长文章、理解文章、对其进行归类并得出结论的能力似乎在逐渐下降,这和网络的特性有关,其信息模式与人们的阅读模式完全相反。网络上的信息传递模式是通过密集的文章、图片、音频、视频等之间的频繁转换,从一个链接到另一个链接,这与深入、专注地研究一个主题是不一样的。网络信息以其快餐式文化特点快速传播,内容短小精悍,还自带连播、连载功能。这些模式本身就带有中断机制,不妨将其称为"互联网自带干扰作用的信息传递模式"。

许多关于现代媒体是好是坏的争执首先聚焦在电脑游戏上。存在争议的电脑游戏主要是纯动作类游戏或"杀人游戏",在这些游戏中玩家要通过不断消灭敌人而尽可能久地活下去,这对智力不构成挑战,对教育也没有什么好处。类似的还有一些常见的赛车游戏(也涉及使用暴力)。但研究显示,这些有争议的游戏类型也可以带来积极的效果,包括:提高视觉集中力和空间感;提高信息处理速度并因此提高决断速度;提高追踪事物的能力;能够更快地在不同的脑力活动之间转换;个别时候可提高对数据的估算能力。

总体来说,玩电脑游戏时需要长时间关注同一个目标从而提高了专注力,会对干扰形成更强的抵抗力,会对让人分神的事物免疫,会提高自我控制能力,类似于专注力训练所得到的结果。因此,从专注力的必要条件之一(抗干扰)来看它是积极的。但遗憾的是,游戏也有消极的一面,通过这些游戏提高的专注力不是放在持续发展变化的信息内容上,而是基于对不断变化的事情作出的反应。电脑游戏中有大量小规模的刺激,会使肾上腺素和多巴胺瞬间分泌,诱使玩家为了不错过任何一个刺激,专注地在游戏中不断玩下去。玩家不是在主动地集中注意力,而是持续被不同刺激所推动着,是处于外界的控制中。这种打断不断反复,控制着人们的日常生活。以至于久而久之人们很难在没有不同刺激的时候集中注意力。而且,电脑游戏也没有起到专注行为所带来的放松效果,因为游戏中人们必须适应每分钟都在发生变化的外部环境,这恰好与专注行为想要达到的效果相反。

电脑游戏或许能促进并提高反应能力,但它们不会提高长时间、自主地专注于同一件事情的能力。有许多研究者也开始将电脑游戏有目的地用于治疗,他们所取得的研究成果或许也能够市场化。例如,现在有一些设计简单的游戏被用于治疗自闭症的孩子;有 ADHD 的儿童和青少年也可以从这样的训练中受益,他们要在一定时间内完成游戏中设置的任务,要不被打扰地集中在一件事情上,以此训练他们的自控力。不只是儿童,老年人也能通过电脑游戏进行练习，比如记忆力衰退或患有老年痴呆症的人。一项新的研究表明，玩战略性电脑游戏——例如强调资源管理和规划的游戏——可能有助于老年人保持智力。

三、合理运用新媒体

如何使用新媒体没有人能够给出完美的建议。每个人由于学习与工作原因，对新媒体的需求也大不相同，但有一点是可以肯定的：在现代社会，完全放弃使用媒体是不可能的。但面对新媒体，人们可以学习如何使它们不损害专注力，学习合理地使用它们、掌控它们，而不是被它们掌控。

首先，需要了解并意识到新媒体的风险和负面作用，通过阅读前一部分，你已经能够了解到一些。其次，先动脑子，再动手机（或者游戏机和其他各种新媒体）。在人们抱怨手机和它的中断逻辑毁灭了人们的专注力时，也要意识到导致专注力消失的原因可能是人们毫无反抗、毫无保留地把自己交给了手机。清晨六点，手机的闹钟铃声叫醒人们，睡眼惺忪中人们第一眼看的是手机的状态栏：2条新信息、4封新邮件。有些人甚至在半夜听到手机铃声也会立刻接听。

毋庸置疑的是，新媒体为人们的日常生活带来了便利，减轻了人们的工作，提供了消遣娱乐等，在一定程度上还能够提高人们的专注力。但也要弄清楚一点：人们可以自己决定如何使用它们，何时关闭、何时打开它。

降低使用的频率，并不是说完全放弃，而是进行限制。美国心理学家和社会学家雪莉·特克尔（Sherry Turkle）提到了"无手机区"：在吃饭的区域（特别是在餐桌旁）和厨房里。同样，家里的工作区域也可以成为"无媒体区"——可能每天只需要半个或一个小时。如果能看到在一段时间内完全不被打扰，不查看微博的状态栏、没有邮件、没有短信、没有电话打扰的情况下，人们能完成多少事情，那人们或许就会反复采用这种简单的方法提高自己的专注力。

试着较长一段时间不使用手机，几天甚至一周。有意思的是，这股"数字排毒"风潮恰恰来自美国硅谷。在户外营地参加禁欲疗法的人必须交出全部数字设备。度假时也非常适合进行这样的挑战。刚开始的几天，很多人可能会感到无法承受的焦虑。人们习惯了通过查看实时的网络推文、点开某个视频、不断在电视机前换台来打发无聊的时间，学习如何填补这段缺少动力的空白，甚至是富有创意地利用这段时间是一个漫长的过程。对新媒体的使用完全是能够缩减的，人们可以用由此节省下来的时间做其他有价值的事情，最重要的就是感知当下。一些建议可以帮助你摆脱媒体的控制：① 抽出一段时间远离媒体，设置"无手机区"(最重要的是睡觉时切断与媒体的联系)。② 把手机调到震动或者关机。③ 删除不是真正需要的应用程序。④ 在进行时间管理时用手表而不是手机。⑤ 记录你在数字媒体上耗费的时间。

在孩子的教育方面,儿童心理学家指出了另一个重要问题:在父母和孩子之间,过度使用新媒体的问题常常不出现在孩子身上。"事实上,大部分问题由父母造成。"特克尔说。父母频繁地使用新媒体,而忽视了与孩子的交流。而且有的父母不懂得以身作则,只会一味地禁止孩子玩手机,而不知道自己也过度使用手机。这类对儿童的"禁令"没什么意义。禁止使用新媒体会妨碍孩子们使用媒体能力的发展,也会妨碍他们学习如何负责任地使用新媒体。而且,被禁止的事情常常会有格外大的吸引力,会导致孩子更加沉迷于新媒体。因此,儿童心理学家建议:① 注意你的孩子玩的是什么游戏,特别是游戏的适用年龄。② 了解孩子玩的游戏,最好和他们一起玩,这样才能跟他们有话可说。③ 以身作则,展示怎样理智地使用新媒体。在特定的时间关闭手机,重要的是,不要让媒体妨碍或打断你与孩子的交流,孩子有优先权。④ 以内容而不是时间为单位控制孩子的游戏时间,换而言之,让孩子在完成一个特定的任务后结束游戏。

第五章 运筹帷幄：高效学习记忆策略

最不会利用时间的人，最会抱怨时间不够。

——拉布吕耶尔（作家）

本章基于脑科学、心理学和教育学的实验和课堂研究，首先介绍知识的积累和专长如何影响学习，接着概述有效的学习策略，最后从学习者、父母和教师的不同角度提出相应的支持学习的策略和方法。

第一节 知识对学习的影响

学习者在学习的过程中，将不同类型的知识与自身经验相结合，识别和建立两者之间的关系，并拓展出用以连接它们的框架的过程就是知识整合。这不仅要求学习者从个人经验的事件中积累知识，还需要他们把从不同时间、地点、环境中获得的知识，以及获得呈现不同形式的知识进行整合。有关在不同事件中获得的知识是如何被学习者整合到一起的问题争论已经持续了几十年。一些研究者提出，婴儿生来就具有基础知识，这些基础知识会在未来的学习和推理上提供帮助。也就是说，婴儿可以在基本的与生俱来的反射基础上，在与世界的积极互动中逐步建立起技能和知识。也有研究者认为，所有知识都是通过个体与世界互动的直接经验产生的。

最近的研究表明，知识的整合是事件记忆形成与巩固过程中的天然副产品。学习者在巩固记忆的时候，会为了稳固记忆，将构成经验的元素表征（如视觉、听觉、触觉）联系在一起。同时，这些表征也可能与学习者先前经验中已储存在长时记忆中的旧记忆联系在一起。新存储的记忆痕迹中与旧记忆相同的元素会重新激活旧记忆，在巩固新记忆的同时，旧记忆也被重组和重新巩固。新旧记忆痕迹能被整合这一事实表明，记忆痕迹并非是原封不动的。学习者在提取任何一个学习事件的信息时，新旧记忆痕迹中的元素都会被重新激活并重新整合。随着新旧记忆痕迹中的共同元素记忆同时被激活和连接，知识得到拓展，记忆被不断重新加工。而这些被连接在一起的痕迹会与学习者后来获得的其他新信息整合在一起,由此另一个新的记忆痕迹又会得到巩固。这也可以解释,为什么人们有时无法解释他们何时何地获得了特定知识,也许就是这一来自不同事件的信息整合过程,新旧记忆的整合所产生的信息并非来自单一事件,因此这些信息无法对其自身出处作出标记。

一、知识与专长的益处

举例来说,当人们新搬家到陌生的社区时,只知道从家到学校或从家到便利店的路线,而想了解从学校到便利店的路线时,他们会查阅先前在脑子里自然而然形成的对从家到学校或从家到便利店的空间关系的心理地图,然后将这些离散的路线缝合在一起,形成最有效的从学校到便利店的路线。当人们反复进入相似的情境或话题时会形成一种心理表征,这种心理表征将不同的事实和行为联系起来,形成更有效的心理结构,以便于他们与世界进行互动。接下来将简要描述专长的益处以及专长可能带来的知识相关的偏向性。

如何证明人们是否获取了知识,那就是检查人们在完成重复性任务时是否提高了速度和准确性:记住一个解决方案比解决一个问题快,这是专长的第一个益处。第二个益处是拥有专长的人能够处理不断变得复杂的问题。这是因为他们掌握了子步骤,不需要在子步骤中投入注意力。此外,人们也可以通过发展心理表征来学习处理复杂任务,这种心理表征能够使特定任务更容易完成。第三个益处是提升了从环境中提取相关信息的能力。专家不仅拥有比新手更完备的知识表征,而且可以更好地识别和提取与这些表征有关的信息。比如同样的 X 射线光片,对于放射科医生和普通人来说,他们提取相关信息的能力不同,普通人可能认为这只是一团阴影,而放射科专家能够看出 X 射线光片中显示的图样意义。第四个益处是获取专家知识有助于人们运用环境中的相关资源。人们可以通过利用分布式认知,把一些任务的认知需求卸载转移到他们所处的环境中或其他人身上。例如,在当今信息时代,知道如何寻找资源和帮助是非常重要的。通常情况下,专家在查找资源时知道哪些工具是可用的,也知道他们的关系网中哪些人拥有他们需要的专业知识。第五个益处是:不断获取更多的知识使学习新信息和相关信息变得更为容易。中国有句古话:"活到老,学到老。"虽然,与学习新知识相关的一些认知能力一般会随着年龄的增长而下降,看似老年人很难进行新知识的学习,但人的一生中对知识的不断积累会抵消这种影响,使得他们能够不断进行新的学习。

二、知识整合、推理与人的一生发展

建立知识基础需要做三件事，积累信息、标记信息是否相关、整合不同事件中的相同信息。这三类活动既可以相对快速且自动化地进行，也可以通过深思熟虑慢慢地发生。然而，仅仅依靠这些过程并不能整合和拓展人们未经历和未被教授的知识。这就需要不同年龄段的学习者对未知的事情进行自我积累和自我理解，形成新的拓展知识。

推论性推理是指学习者在获取信息时建立起各信息片段之间的逻辑联结，从而以理解为目的来组织知识，并通过演绎推理、归纳推理和溯因推理得出结论。因此，在推理的过程中，推论性思维是非常重要的，它可以帮助学习者对知识进行概括、分类和理解。例如，在阅读一篇文章并进行理解时，读者需要对文本中所隐含的相关信息进行推论。读者通过整合文本中提供的不同信息，帮助其追踪文本的含义是推论中的一些类型；还有另一些类型的推论是读者通过获取文本之外的信息，来填补文本的空白，从而理解文本的信息。

人们通常可以将提取的知识进行调整和转换，以适应新的情境，从而使问题得到有效解决。因此，记忆提取必须与其他的认知过程相协调。是因为，这样的过程可以帮助人们意识到他们先前所学与当前任务的相关性。基于问题的学习目标是指向学习者学到灵活的知识运用、有效的问题解决技能、自我导向的学习、协作和内在动机。这些目标与在其他背景中确认的、对成功生活和工作非常重要的目标是一致的。

人的学习得益于其在几十年里对世界知识的不断积累，这种积累使得成年人不仅更容易提取有关世界的词汇和事实，而且更容易使他们从自己所专长的领域中获得新信息。比如，教师获得教学专长，这使他们能比刚入职的教师更能理解和记住教学课本中的更多信息。此外，尽管成年人随着年龄增长，某些能力会有所下降，但是他们可以利用丰富的世界知识来弥补这方面的不足。

学习者终其一生所积累的知识是不断增长的产物，它出自两个过程：学习者从他们的直接经验中学习到新信息的过程，以及基于推理和想象生成新信息的过程。推理能力在人一生的学习过程中起决定性因素，人们通过推理来终身发展知识。研究者提出，具有较高推理能力的人在一生中获取的知识可能比其他同龄人更多。此外，积累的知识和推理的能力这两种认知资产也与健康老龄化相关。

但在人的一生中，一般来说，推理的轨迹和知识获取的轨迹是不同的。许

多研究通过各种测量方法和横纵向研究设计,描绘了推理能力随年龄变化的关系图并发现:随着年龄的增长,知识的发展保持稳定,而推理能力则会下降。不过,推理的轨迹和知识获取的轨迹具有较大的个体差异性,这与每个独立个体的健康、个体特征、接受教育的环境、获取经验的机会乃至社会的参与情况都有关。然而,即使成年后推理能力一般会降低,但做出正确决策的推理能力却不会随着年龄的增长而下降。举例来说,在面对一个复杂的或富有情感的真实情境需要做出决策即推理时,14 岁的人做出的决策并不一定优于 50 岁的人;但在面临快速处理多种截然不同的事实信息以做出有逻辑性、组合性的推论时,14 岁的人在这方面的推论能力可能会比 50 岁的人强。

能力的增长或下降不仅在个体与个体之间存在差异,在每个独立个体内部的不同阶段也会有所不同。比如,两个 50 岁的人可能具有非常不同的认知特征,其中一个人的能力能与 30 岁的人相当,而另一个可能更接近于 70 岁。而对同一个人来说,由于某些技能的持续使用和特定领域智力的发展,不同能力会以不同的速度衰退或增长,其他不常使用的能力也会随着时间而消失或衰退。综上所述,新知识的学习取决于推理能力和先前知识的获取。尽管推理能力会随着年龄的增长而下降,但只要学习者将要学习的新知识与已有的相关领域的知识相互兼容,之前累积的知识会帮助新知识的学习,使其变得更容易获取。虽然人们会受到教育环境、工作环境和个人兴趣环境的影响,但是他们可以选择在当前环境中能够利用的知识库和专长来学习新的信息。

第二节　学习的策略

人生来就对自身获取、保持和提高知识的能力以及提高学习表现的方式感兴趣。已经有研究者探索出支持学习和记忆的各种策略。同时,他们发现了一些帮助人们提高记忆、理解新信息、形成新知识的用于组织练习以及学习新信息的几条原则。

如今,已经有多位研究者对支持学习的具体策略进行有效的研究。他们探寻的策略具有以下特点:① 在课堂教学情境中使用真实性教育素材,并经过数项研究的检验。② 对不同特点的学习者和不同材料具有普遍效应。③ 可以促进持久性的学习。④ 除了支持对事实性材料的回忆之外,还支持理解、知识应用和问题解决。他们分析发现了五种有效可行的学习策略,包括:提取练习,间隔练习,交错练习和变式练习,总结和画图,发展解释。

一、知识保持的策略

五种策略的前三项采用的是组织练习的方式,这对提高知识的保持有很大用处。

1. 提取练习

当学习者在最开始进行学习活动时就练习提取的话,在未来他们提取和使用知识的能力将得到增强,提取行为本身就可以增强学习,这个观点也得到了证明。尽管学习者之间存在个体差异,学习材料和学习评价方式也有所不同,但被普遍证明的是,提取练习是对儿童学习者和成年学习者来说都有益的策略。对于儿童来说,提取练习对具有不同特征的儿童都有效果;对于成年人而言,提取练习是一种有用的记忆补救方法。然而,这类研究大多考察的是相对简单的信息,如词汇的提取,而不是考察学习者对知识的深层理解。

当然,你可能会疑惑,失败的提取能促进学习吗?是的,尝试过但失败的提取依旧能够促进学习。失败的提取可以为学习者提供反馈信号,让学习者知道关于这方面的学习可能并不熟悉,需要学习者在之后的学习过程中对不了解的信息进行调整编码。

2. 间隔练习

间隔练习是指学习者将学习事件分配在较长的时间段里,把学习的时间长度切割成很多的时间段,在不同的时间段里学习。而与间隔练习不同的另一种练习方式是集中练习,是指学习者在短时间内完成所有的学习,例如学生为考试而"临时抱佛脚"的行为。重要的是,两种方法实际学习的总时间是相同的,不同在于把同等学习时间分配到多个时间段还是一个集中时间段。学习者使用不同的练习方式对学习会产生不同的影响。有研究者对这两种练习进行比较,结果表明,对于不同的学习材料、不同的刺激形式和有意及无意学习来说,间隔练习的效果都要优于集中练习。而且间隔练习对下至 4 岁上至 76 岁的学习者都有好处。无论练习与回忆相隔多久,间隔练习的效果都优于集中练习。而为什么间隔练习会比集中练习产生的效果更好,其中原因众多。

因此就有问题被提出,学习者在进行间隔练习过程中,最能促进记忆的间隔时间是多久呢?如何在过多的遗忘发生之前,找到间隔练习中最能产生积极效应的"最佳位置"?大家可以回到本书第三章找寻答案。

3. 交错练习、交互练习和组块练习

间隔练习可以与交错练习和交互练习同时使用,它们都能给学习者带来各种有用的挑战,或是带来"有价值的困难"。交错练习是指将不同的活动混合在一起,交互练习是指以不同的方式练习技能,而这两种不同的信息呈现方式能够极大地影响学习的内容和学习的效果。研究者已经发现了交错练习和变式练习的潜在学习优势,同时也发现了组块练习的好处。组块练习不同于上面两种练习,它是一个学习时间段内集中安排一种技能、活动或问题的活动。但相比之下,一段时间内变化或交错安排不同的技能、活动或问题则更能促进学习。

数项研究已证明,至少对于类别学习来说,组块练习是有益的。此外,大部分学习者在选择的过程中更加倾向于组块练习。当然,交错练习也可以促进类别结构的学习,即学到了某些对象或观念属于相同类别而其他的则不属于此类。交错练习会带来学习组块间的延迟,因此容易进行间隔练习,这对于长时记忆具有潜在的好处。但是交错练习的好处并不是因为它使得学习组块之间形成时间间隔,而是因为它可以帮助学习者对不同类别进行比较。交错练习或组块练习对学习者来说都更具有优势,其背后的运行机制是近年来研究者的热门研究主题。它们与其他策略一样,呈现材料的最佳方式以及背后的运行机制在很大程度上是由学习任务的性质决定的。

二、理解与整合的策略

除了前面提到的前三项组织练习的方式,还有两项策略也得到了充分的证据支持:一是总结和画图,二是发展解释。

1. 总结和画图

总结是指学习者用言语表述的方式将重要的信息从一系列的材料中提取出来,而画图是指学习者通过创建图像、使用图式策略来描述重要的概念及之间的关系。这两种策略都是学习者对所学内容进行精细加工,将他们所学的材料转化为不同的表征。当然,这两种策略之间存在差异,但都包括识别重要的术语、概念和组织信息,以及使用之前的知识创建表征。

一些研究表明,可以从学生总结和画图的质量中看出他们从活动中学到了什么,而这种质量可以通过对学习者进行培训和指导而得到有效的提升。例如,当学习者把他们所画的图和作者给出的图片进行比较时,画图活动的有效性得到了提升。同样,为学习者提供一系列将会包含到图画中的相关元素或部分图画，能帮助学习者创建更完整的图画，并支持他们的学习。

　　此外，总结和画图对学习者产生的学习效果与学习材料的性质息息相关。例如，一个研究团队将正在学习一篇有关水分子的科学文本的高中生分为三组，该文本中包含几种空间关系，并要求这三组学生分别以画图、文本总结、重读文本的方式对文本进行理解。之后对这三组学生进行理解测试，结果显示：画图的学生的表现要优于重读文本的学生；但是，写文本总结的学生要比选择重读文本的学生表现更差。研究者认为，这是因为学习材料中包含了空间关系，所以在这种情况下画图会更为有效。

　　学习者通过手写做笔记或电脑打字做笔记进行总结也会产生不同的学习效果。这种总结形式也得到了研究，手写笔记的学生比用电脑打字做笔记的学生能学到更多。研究者将学生分成两组，分别以这两种方式做笔记，随后测试他们对事实细节的回忆、概念性理解以及综合和概括信息的能力。结果发现，用电脑打字做笔记的学生比手写做笔记的学生记下的知识要多，但是手写做笔记的学生对材料有更好的概念性理解，并且能更有效地应用和整合材料。他们认为，因为手写的速度比较慢，学生不能逐字将所讲知识记录下来，所以必须倾听、消化和总结材料，抓住知识的要点。而用电脑打字做笔记的学生可以很快地将信息输入电脑，并且不需要对信息进行深入加工。

　　2. 发展解释

　　鼓励学习者对所学内容创建解释是一种有效支持理解的方法。研究者探索了三种进行解释的技巧：质询、自我解释、教别人。

　　"质询"这一策略是通过向学习者提出或鼓励学习者自我提出诸如"为什么""如何""如果""如果不"等问题，以引发他们的深层推理。一个充满好奇心的学生在努力理解晦涩难懂的材料和解决问题时，会动脑筋进行质询，提出深层推理问题。然而事实上，对于大多数学习者来说，质询不会自然发生，但却可以通过训练获得这种技能，特别是训练他们提出深层问题，这样的训练能够对理解、学习和记忆产生积极的影响。

　　"自我解释"这一策略是指学习者在阅读、回答或解决问题的过程中生成对材料或对自己思维过程的解释。在大多数情况下，人们可能只要求学习者在解决问题时对采取的每个步骤进行简单的解释，或要求学习者在阅读时进行逐句解释。相比于质询中用到的具体的"为什么"的问题，自我解释包含的是更开放的提示，不过这两种策略都鼓励学习者通过生成解释来精心阐释材料。

"教别人"也是一种有效的学习经验。当学习者在教别人知识前,他们需要对自身学习的知识进行构建解释,这类似于质询和自我解释。不同的是,教别人会更具开放性,不像质询和自我解释那样需要学习者接收到相当具体的提示。同时,教别人往往是打磨自己知识的绝佳机会,并且,学习者很可能在教学互动中感受到自己被赋予了一种权利与职责,而这是他们作为知识被动接受者时所感受不到的。

第三节　学习者的策略

学习活动是需要特定的方法的,人们在学习的过程中要找到自我的价值,可以通过寻找适合自己的方法,掌握一定的学习策略,以提高学习的效率。

一、价值感

如果不想学习,那自然就学不会。所以,人们需要为自己找到一个必须要学习的理由。可以结合自身的兴趣爱好,学习与自己相关的专业知识。思考学习的意义:学习是为将来打基础。比如未来想成为一名航天爱好者,那么理科是你必须学习的课程。因此,人们需要找到所学习的内容对自身的重要意义,这也是帮助人们找到自我价值感的重要途径。与此同时,专业学习不是被动的学习,而是需要人们主动出击,学习活动就是要让学习的知识与技能能够为自己所用,在需要的时候得以展现和运用。主动去学习会比被动接受更加高效。毕竟这种主观因素会决定人们能否掌握知识技能。当你有了强烈的学习欲望,那么你会主动采取学习策略。比如通过反复练习、做总结、制作思维导图等方式帮助自己深入掌握知识点。建构主义是认知结构理论在当代的发展,学习是学习者主动获取知识的过程,可借助老师或同学的帮助,通过有意义的自我建构的方式获取知识。所以,人们需要结合自身特点,找到适合自己的学习方式,采用更加积极主动的学习策略。

二、高效做笔记

都说"好记性不如烂笔头",做笔记是很平常的事,但是真正做得好并不是一件容易的事情。学生在上课的时候,不可能像在试卷上做阅读理解一样,从一整篇的文字中划出重点,而是要善于从老师的话语中检索重点,当听到重点内容时就将笔记记下来。所以,高效做笔记就需要学生积极认真地听讲,集中注意力。因为当你在课堂神游的时候,老师讲的重点内容稍纵即逝,一眨眼的工夫,就已经不知道从何下手。要想在快节奏的课堂中记好笔记,可以运用LISAN 法。这个方法是由 5 个英文词首字母的简称构成,L 为 lead(主动),I 为idea(重点),S 为 signal word(信号词),A 为 actively(积极地),N 为 note-taking(选择记)。详细步骤如下:

1. 主动记

要在上课之前做好预习,整理新课程中自己不理解的地方,在上课时有准备,知道自己需要在哪个板块做补充和记录,不要等到老师讲的时候再来思考,这样的话在课堂上就会变得很被动,只能跟着老师的节奏一股脑地听下去。所以,要提前预估老师接下来要讲的内容,遇到疑惑的地方时,就可以做好记笔记的准备了。你也可以从老师发的预习材料或布置的阅读作业中找出有疑惑的问题,做好预习,等待解答。

2. 重点记

这个方法有点类似于文本阅读中的中心思想,因为每一节课都是围绕着一个中心展开的,这个中心的内容就是这节课的核心观点与理论。比如一节数学课中,针对一个概念,需要理解它的概念、来源、内容、特点、性质等信息,而这个概念就是这节课的核心内容,老师在课堂上的所有设计都是为了更好地呈现这个概念。时常会举一些例证,或对其展开拓展。这时候你需要始终记住这个核心内容,知道老师到底在讲什么,为什么要这样讲。只要你围绕着这个核心,笔记就能一目了然。

3. 抓信号词

"信号词"顾名思义就是为你接下来需要记录的内容发出信号,提醒你接下来要做笔记了,学生在上课的时候要善于抓住那些关键信号,比如原因、转折词等,这些词都可以体现此时老师的思路转变,要转向更深层次的内容了。下面列举一些常见的信号词。比如,教师说:

"导致这个结果的原因是……"表示将出现原因类笔记;

"最重要的是……值得关注的是……"表示要讲主要的观点;

"与此相反的是……"表示要讲与之相悖的观点,抓住转折,一般转折后面是重点;

"举一个例子……"表示要讲支持主要观点的证据;老师通常会举一个简明的例子去帮助学生掌握难以理解的知识点;

"因此……,所以……,也就是说……,总之……"表示要作结论。

4. 积极听

上课尽量坐在靠前的位置,最好提前到教室,争取坐在前排,在课堂保持与老师的高效互动,有的老师说话声音比较小,坐得离老师近一些能够听得更加清楚,总之要创造让自己积极听课的条件。举手回答问题也是一个不错的互动方式,站起来回答会加深你对这个知识点的记忆,即使回答错误,这样的记忆一定会让你很难忘记。若你保持这样的态度,那么你将在一整节课中保持一种机敏兴奋的状态,思维能力也随之活动起来,对问题的思考和反应能力也会得到加强和提高,那么就出现了做笔记的高效时刻,你的脑袋始终清醒,思路清晰,在此刻记下的笔记往往是最高效的。因此,学生在上课时一定要保持活跃,积极听讲。

5. 选择记

有的学生在记笔记的时候无论听到什么都要记下来,只要是 PPT 出现的内容就要抄在笔记本中,丝毫没有"过滤"的摘抄笔记。这种方法会使你一直专注在抄写当中,已经听不到老师说的重点内容,毫无逻辑地将所有内容记下来,不仅记得慢,而且在后期回看笔记的时候会发现内容杂乱无章,不知道哪些是重点。所以,学生在记笔记的时候,要有选择的记,抓重点记,抓有疑惑的记,这样既能记到重点,又能把课听完整。

三、笔记的使用和复习方法

一项研究结果发现,大多数学生都会做笔记且笔记做得非常好,但是一做完笔记课后基本不会回顾,也不会仔细地将笔记再整理一遍,仿佛笔记只是上课时候的一项任务,课后就与自己无关了。临近考试时才想起复习笔记,但是这时候很大程度上已经忘记笔记上那些杂乱的线条和潦草的文字到底代表什么。这样的话,记笔记已经失去原本的意义了。记笔记的目的就是让自己翻看的时候能够回想起课堂中的知识点,方便复习。如果你不希望手中的笔记成为一个临时图画本的话,那就应该每天课后整理好当天的笔记,趁着遗忘得不多,整理起来还算轻松,不然到后期就再也想不起来了。整理笔记是有效复习的第一步,有了清晰的笔记后人们该如何复习笔记呢?下面是复习笔记的方法:

① 课后尽早整理和完善笔记,将遗漏的知识补上。

② 构建知识体系,在笔记中呈现一幅完整的思维导图,将各个知识之间的

关系串联起来。

③ 同化知识,将新知识与过往的知识经验相结合,自主建构知识框架。

④ 总结笔记,将这节课的重点难点,易错也易混淆的地方注明起来,时刻提醒自己。

⑤ 勤于思考,经常提问自己,检查自己是否真正掌握了笔记中的内容。

LISAN 笔记法是一种需要学生用心对待的方法,需要学生有一种积极认真的态度,但是必须承认的是仅仅依靠认真听课和记笔记是达不到自我提高的效果的,还必须在课后进行整理和复习。不断地在思考中拓宽思路、提出新的观点,这样才能有效地促进学习,加深对内容的理解和掌握。

四、高效阅读法

你是否遇到过:明明已经阅读过一篇文章或新闻,但是事后却发现自己并不能很好地记住刚阅读过的东西,这样类似的问题困扰着大部分人。所幸,教育与心理学家提出了一些有效阅读的方法和技巧。例如,以鲁宾孙(Francis Robinson)提出的"SQ3R"阅读法为例,下文将详细介绍这一方法。"SQ3R"(survey question read recite review)阅读法也被叫作五步阅读法。其中 S 为 survey(概览),Q 为 question(提问),3R 分别为 read(阅读)、recite(复述)和 review(复习)。研究表明,运用五步阅读法能够有效提高阅读效率和学习成绩。人们如果能按照此方法一步步进行阅读,不但可以快速地理解文字的中心思想,而且会记得更多信息,提高信息加工的效率,从而达到高效学习与记忆的目的。详细步骤如下:

1. 概览(survey)

在每次开始阅读学习某个章节或论文内容之前,应该首先"泛泛"地对该章节内容进行概览,重点关注标题、摘要(如果是一篇论文)、配图及其标题文字说明以及最后的小结或总结部分。如此一来,通过这一步骤对即将阅读学习的材料有了一个全面的大致了解。

2. 提问(question)

从文章段落的第一个标题中,自己可以先提出几个问题以便将注意力聚焦于要点上。例如,在读到"五步阅读法"这个标题时,你可能会引出类似这样的一些问题:阅读法可以分五步? 那么这五步又是什么呢? 每个步骤当中的作用又是什么呢? 带着这样的问题开始阅读和学习,将有助于吸引你的注意力,并提高阅读的动机和兴趣，从而进一步整合新旧知识。

3. 阅读（read）

通过第二步提问，接着就可以带着问题去寻找答案，但这一次阅读一定要慢慢地读，例如可以以段落或小节为单位，每读完一个单位的内容就可以停一下。如果发现内容不好懂，可以接着多读一两段后就停下。

4. 复述（recite）

读完一个小节或段落之后，停下来试图去复述刚读过的内容，看看能不能回答你所提出的问题。更高效的做法是做笔记，以总结刚刚所学的内容，如此学习便能有效提高学习效果。

很多时候，有的人记不住前面的内容就继续往下读，自然读完全文就更加"迷糊"了。假如，人们有时候读完一遍后，还是不能总结出所读章节段落的中心思想，那么就有必要重读一遍，直到自己可以复述总结出主要内容。如此，就可以往下继续阅读下一个章节单元，并就章节的标题再次提出一些问题（回到第二步"提问"的开头），如此往复进行。相似地，在第三步的阅读、第四步的复述文章的中心思想和做笔记的过程中寻找问题的答案，然后再继续往下学习。因此，在前四步骤的学习中，核心是"提问-阅读-复述"的循环往复过程，直到最后学习完全文。

5. 复习（review）

这一环节是巩固学习记忆效果的重要环节。读完一个章节或文章之后，需要尽快返回大概浏览一下所学知识点或自己所写的笔记总结，然后再进行全面的复述或者测试。如果有条件的话，由他人出题考考你；如果没有条件，那么自测也是不错的方式。或者更好的是，你可以跟别人讲述所学内容，教学的过程是提高学习记忆效果的一种重要方式。总而言之，经常复习的好习惯是提高学习记忆效率的关键，也是成为一个"学霸"的关键。因此，五步阅读法是从概览开始，随后进入"提问-阅读-复述"的循环过程，最终以复习作为结束。

除了以上的五步阅读法，还可以增加一个 R，变成六步阅读法。这里新增加的 R 是表示联系（relate），是指当人们学习特别是复习一个新学的内容时候，可以将这些新学的内容包含概念、观点、术语等与自己已有的旧知识点进行联结，形成一座桥梁，以便更新已有的知识架构。所以，基于此，六步阅读法也就是 SQ4R，也就是概览（S）、提问（Q）、阅读（R1）、复述（R2）、联系（R3）、复习（R4）的阅读法。

如果看书仅仅是从头到尾"过一遍",那么人们大脑中的海马区误以为是不重要的信息,并不需要放到长时记忆当中。阅读学习过程,经常停下来,进行思考、提问、复述总结和复习,这样也是加深印象的过程,诱发兴趣和动机情绪的过程,从而通过杏仁核进一步加深输入的信息,这样才能真正记住要"消化"的阅读内容。换而言之,除去那些阅读技巧,学习中很重要的一点是,需要带着目的去学习,有意识地思考为什么要学,文中的观点或思想对自己而言有何意义。其实此过程便是建立一种信息间与本人之间联结的过程,随后这些新学的东西便会更容易被记住。

五、模拟和自我测试

模拟考试是提取练习的一种方式。模拟测试是对自己所学知识查漏补缺的过程,是检验自己本阶段学习成果和后续调整学习进度与规划学习内容的重要参考。人们在每个阶段都可以对自己进行模拟测试,例如,可以将单词写在一张小卡片上,背面写上中文意思。老师布置的作业、练习题、复习提纲等都是进行测试的一种方式。只有不断地练习,才能知道自己的不足,才能及时地巩固学习内容。模拟考试也是对自己心理素质的反复锻炼。人们都说熟能生巧,你只有练习多了,在考试中才能游刃有余。对于学生而言,自我测试是检验学习内容的有效方式。在写下问题时,你会了解所学内容,同时也会加深对问题答案的印象。下面是一些例子:

(1)看答案回答答案对应的问题。例如,如果答案是"心理学之父",你可能需要精确地说出问题:"冯特是谁?"

可以让父母来测验你,或者和同学一起做这个游戏,并给自己准备一些好玩的奖励!

(2)制作学习卡。在卡片的一面写上问题,另一面写上答案,其实仅仅是在卡片上写出问题和答案,就能帮助你记忆。

用学习卡时,你可以随机摆放卡片的顺序,让自己真正地掌握这些内容。你也可以找别人来测试你。另外,学习卡还可以用来看问题回答答案,或者看答案回答问题。还有一个好玩的方法就是玩注意力游戏。为了达到学习的目的,试着在一张卡片上写问题,另一张卡片上写答案。在两张卡片上写下密码(例如 a)来确保自己知道这两张卡片是对应的。然后,把所有卡片朝下放在地板上。选择一张卡片,如果问题是"新中国成立是在哪一年?"然后,你需要找到答案是"1949 年"的那张卡片。

六、分散学习

如前面章节所述,分散复习比集中复习更有效率。分散学习法把学习时间分为一些相对较短的时间段,中间可以穿插一些让自己放松的活动,这样可以让大脑得到休息,在后来的学习中也可以提高效率。一个机器连轴运作都会烧毁,更何况是人们的大脑。如果人们不会放松自己,始终让大脑处在一种紧张的状态,就很容易产生疲惫,要让大脑保持一个清醒的状态,就要适当地放松,这样大脑才能更好地吸收知识。除此之外,人们还要掌握一些灵活的学习技巧。比如思维导图等,这种高效的记忆策略既可以减轻大脑的负担,又能很好地牢记知识。而死记硬背的机械式学习只会让你的记忆不堪重负,甚至觉得自己明明花了很多时间,结果却不尽如人意。所以,人们要学会劳逸结合,适当的放松,这才是提高效率的关键。

七、过度学习

很多同学在看到成绩时都觉得不太理想,经常想着要是多复习两题就好了。但是事实是,当你复习的时候,复习的范围是有局限性的,为了减轻自己复习时的负担,你会把你认为难的、不经常考的知识点忽视掉。所以,要想在试卷上取得尽量高的分数,你就必须过度学习。在考试前,有两类同学,一类是认为本次考试只出选择题的同学,另一类是认为本次考试只出问答题的同学。最后准备问答题的同学的成绩都高于那些准备选择题的同学的成绩。这就说明那些认为会出问答题的同学已经做好了百分之二百的准备,因为对问答题的理解会比选择题的理解更加深刻,掌握得更加透彻,复习的范围也远大于考试内容,所以最后他们取得了较好的成绩。可见过度学习也是提升自我成绩的一个有效途径。记住的知识越多,能应对的问题的就越多。

八、拒绝拖延症

大学生是拖延症的重点人群,在大学生群体中甚至流行着一句话"deadline前的两个小时是最高效的"。大家习惯把事情拖到最后一刻再开始准备,似乎只有在面临这种压力的时候才能激发出自己的潜能。没有压力就不学,能不上课就不上,考试就是 60 分万岁,有的人看见自己刚过线的成绩,又开始觉得失落,后悔自己没有早一点复习,如果再多五分钟就能复习到试卷中的那一题了。他们在这种拖延和后悔中无限循环,最后还是编造理由为自己的拖延症开脱。

拖延症会导致其学习成绩的下降,更严重的是许多学生还未认识到拖延症对自己学习生活的危害。若你还没意识到这个问题的严重性的话,你只会不停地"摆烂"。当你还在犹豫要不要去跑步时,别人可能已经跑了一公里了;当你还在犹豫今天去不去图书馆时,别人已经在图书馆待了两个小时。拖延症只会让自己无限落后于别人,不断地让别人轻易地超过自己,即使你的对手只是简单地往前迈了一步而已。所以,你要从这一刻开始,摆脱拖延症,拒绝"摆烂",拒绝拖延。

研究心理学家简可·博克(Jane Burka)和莱诺拉·袁(Lenora Yuen)发现,无论是学习还是工作,拖延症者总是将事情拖到万不得已的时候才着手做。而导致学生"患上"拖延症有几个特殊的原因,那些喜欢拖拉的学生总是将成绩不理想的原因归结为学习时间不够,没有充足的时间做准备,但是实际上其实是学生自己将时间挤压到最后一刻。而导致拖延症的另一个原因就是过分追求完美。完美主义者通常在开始之前制订一个详细的计划,将所有事情都准备完毕之后才开始,以至于他们会将任务不自觉地拖延。还有就是有的极度追求完美的学生会把目标定得很高,当发现自己没有能力达到目标的时候,他们就会选择逃避,不愿意着手完成任务,同样也导致了拖延状况的发生。博克和袁认为,学生只有树立一个正确的价值取向,明白自己追求的是什么,在学习的道路上有目标有方向的前进,才能成功摆脱拖延症给人们带来的负面影响。因此,如何才能使自己摆脱拖延呢? 在这里提供了几条建议:

1. 时间管理

时间管理能够帮助人们利用好时间,减轻焦虑。摆脱拖延症的第一步当然是掌握自己的时间,将自己的时间规划好,自己要知道在特定的时间段需要做什么事情。你可以为自己专属定制一份时间表,大到年目标、月计划,小到周计划、日行程等。将时间切割成各个小块,明确每个时间应该做什么。比如制订一日生活计划的时候,可以将时间分为上午和下午,上午需要 8 点起床上课,上课结束之后 10 点到图书馆学习直至午餐和午休。每完成一项就在一旁打钩。当然所有的事情都是需要劳逸结合的,别忘了在时间表里为自己预留好休闲娱乐的时间,像参加晚上的约会或者观看精彩的比赛。

有了这样一张时间表,大家就会清楚自己在什么时间应该做什么事,如果没有完成,就要给自己一个惩罚,比如取消观看比赛。这样为了能看到精彩的比赛,就会高效地利用时间,只有专心致志地学习,在玩的时候才能不被不安所扰。都说"该玩玩,该学学,学的时候就要认真,玩的时候就要尽兴。"如果将两者搅在一起,不仅学习效率低下,而且玩得也不开心,身心俱疲。

2. 确定目标

没有目标的学习就像一只无头苍蝇,乱飞乱撞。确定学习目标有助于人们提高学习效率。目标与计划一样,有大有小。但是切记不要好高骛远,人们可以将目标按阶段划分,为自己制定阶段性的目标,一级一级,一步一步,循序渐进。比如大学毕业后想成为一名老师,大三就需要考取教师资格证,10月份参加考试,以自己的学习能力在8月份或者更早就要开始准备。那么这几个月的任务和需要达到的目标就十分明确了。在这几个月中又可以制定小目标,比如要求自己一周复习多少内容。所以,目标的确定不是口头承诺,而是要付诸行动,这个目标是真实能够做到,有实践意义和机会的。如果一开始就为自己定了一个不切实际的目标,即使你再怎么努力也是达不到,那这样的目标就是无效的。

在学习开始之前,人们需要明确自己到底想获得什么,想要达到什么目的,这样你的学习就有了方向,不再盲目地跟随老师,而是保持头脑的清醒和专注。需要在确立目标的时候就开始约束自己,将学习活动当作是对自身知识的更新与管理。对于任何事情确立目标的方式都是相似的,从大目标到小目标,到精确的时间模块。研究表明,那些习惯经常为自己设立目标的人往往都会取得较好的结果。可见,确立目标对于个人的成长是非常重要的。

然而在确立学习目标时不能过于马虎,这个目标不是模糊抽象的,而是具体可实践的。太遥远的目标反而会给自己增设阻碍。当这些目标太过遥远时,人们经常会为忽视自己渺小的进步,常常出现焦虑的情绪。其实,当人们将目标拉回现实,设置在一个只要努力一把就能实现的高度,这样就更容易发现自己的进步,进而越战越勇,乘胜追击。所以,清晰的具体的目标能让人们更有动力。比如当你想学会弹钢琴,不妨从学会弹《小星星》开始。

当然,设立的目标也不能太简单,需要权衡好自己的能力与目标之间的距离,不要因为害怕吃苦就将目标设立在自己的舒适区内。人们都说万事开头难,只要你迈出了第一步,你就成功一半了。在实现目标的过程中,吃苦是必须的,没有轻轻松松就能实现的目标,只有勇敢地走出舒适区,才能证明自己努力过。当目标确定之后,接下来的工作就是付诸行动了。

3. 付诸实践

实践出真知,人们通过不断地思考、实践、反省、再实践才将自然界的原理带到课本当中,供人们所用。人们的行动也是一样,也需要通过不断地提出疑问、解决问题、总结问题,这样才能有所收获。研究发现,当你向同学讲解某道题目时,那么你对这道题的理解就会更加深刻。这样既可以起到提升学习效果的作用,也可以锻炼自己的思维能力,因为讲解题目是非常考验逻辑的。这也很好地解释了为什么大学时期经常需要学生上台汇报和进行小组配合演示,因为向同学进行讲解的同时,自己也在学习。

当然,所有这些方法都需要学生做出努力,天上不会掉馅饼,好成绩也不是轻易就能得到的。在努力的过程中要学会关注自己的进步,照顾好自己的情绪,当看到自己取得进步时应及时给予奖励,良好的心态才能使目标得到更有效的发挥。在这个阶段,人们想要将目标付诸实践,基本的知识技能储备是必不可少的,它更像是笔杆中的墨水,只有拥有足够的笔墨才能在纸上大展宏图。

九、提升知识与技能

知识技能储备的过程需要人们不断打磨自己的意志力,增加知识摄入,提高自己的专业水平。所以,人们要合理安排时间,进行特定形式的练习这对专业技能的提高是十分有帮助的,比如师范生参加教师技能大赛磨炼自己的授课能力和技能技巧,提高自己的临场应变能力,确保自己在真实的授课环境中能灵活自如。而这个过程就是积累经验的过程。比如职场上叱咤风云的人,都是有着丰富经验的人,无论是在谈判技巧上还是在应对突发情况时。因此,积累经验也是不断巩固知识储备的过程。

积极反馈是提升知识与技能的重要方法。在学习的过程中,要给自己积极反馈,这样才能有效地掌握自己的学习情况,适时地调整方向和分配时间。人们需要知道自己容易犯错的地方,知道自己薄弱的科目,明白自己掌握了多少,遗漏了多少。即便是进行简单的选择题选项核对,只要及时发现问题,及时反思,也能提高学习的效率和训练的效果。每天记录自己学习的不足,时刻攻破问题,你掌握的知识就会越来越多。

有效的反馈具有指导作用。比如,当一名音乐生在老师面前反馈时,中间弹错了几个音,但是一旁的老师并没有立刻打断她,而是在一首曲子结束之后指出该同学的问题,既保持了学生练习的完整性,又能够让学生知道自己的不足。这种正确的反馈方式,能很好地帮助学生提高自己的演奏水平。其中最好的反馈是,既有对结果对错与否的判断,还有对正确答案的指引与提示。引导学生自己发现问题、解决问题,才是一次有效的反馈。

十、融会贯通

在这个阶段,人们要将新学习的知识与旧知识有机结合在一起,理解知识之间的联系。学习不仅仅是掌握单独的公式或者理论,还需要将这些知识系统化,不仅知道这些知识的由来和应用,还要掌握诸如网状的分支细节。只有将各种知识揉碎了融入脑子里,才能彻底掌握专业领域中最基本的知识结构。所以,人们需要通过不断地分解、融合,形成一整套知识体系,融会贯通。同时,人们还可以通过提问题,反复思考,积极探索,理解这个专业领域包括知识与技能之间的内在关系,深入了解这一知识背后存在的体系。

这里有一个比较好的方法,就是作假设。学会推翻理论,假设理论不成立会导致什么结果。比如你正在学习生物学的进化论时,你可以大胆想象一下,如果生物并没有像进化论所说的那样随着时间的推移逐渐进化会怎么样?如果你正在学习戏剧文学,不妨假设一下莎士比亚戏剧中情侣并没有死去,那么两个家族之间是否还会再续恩怨?或者是有了一个幸福的结局呢?

图像可以让人们直观的理解知识,通过具体的图像为人们呈现出完整详细的知识结构,概念图和思维导图就是帮助人们理解知识体系内在关系的强大工具。人们常常忽视思维导图对人们学习的帮助。思维导图能够让人们在较短的时间内,掌握整本书或者整个知识体系的脉络,帮助人们记忆和形成逻辑链条。

十一、反思与回顾

在学习过程中,犯错误是每个学生都会遇到的问题,也是学习道路上的必经之路。然而犯错误并不是一件坏事,相反它是一件值得高兴的事情。说明你有机会重新审视自己的知识盲区。还有一种情况解释过度的自信,以为自己已经掌握了足够的知识,这些都是很正常的情况,所以人们需要回顾知识本身,不要过度自卑,也要保持谦虚,找到一个平衡的位置去对待所学内容,当人们不确定是否真正理解了知识点的时候,可以找几道与这个知识点相关的题目,给其他同学讲解这几道题,如果你能顺利且逻辑合理地讲完,并已成功应对同学们提出的各种问题,那么说明你已经掌握了所学知识。这对你学习知识和技能也会非常有帮助。

总之,人们学习某个专业,就是将所学知识系统化理论化,形成一套完整的知识体系,帮助人们在以后的实践中运用。同时人们也要学会这个专业领域思考问题的方式,因为常常同一个学科门类中的子学科有着相似的思路。比如理科专业都是需要灵活运用逻辑思维,文科专业的同学需要掌握马克思的辩证法思维,习惯运用学科化的思维去思考问题,人们的能力也会得到大大的提升。一位教育心理学家曾说过:"学习的过程就是去透析一整套知识体系的过程。"

十二、养成良好的学习习惯

习惯成自然。良好的学习习惯可以伴随一生。很多时候,人们学习的东西并不是人们擅长或者感兴趣的东西,但是,这并不意味着人们就不能学好他们。要把学习当作是一种习惯,当作像刷牙一样是每天都必须做的事情。比如上课之前预习,找出疑惑之处,上课认真听讲做好笔记,课后复盘笔记,你早已习惯了这种学习节奏,那么拖延症就渐渐离你而去。当你经常做某件事的时候,你会发现都不用过多的思考,很多事情就自然而然地发生了。学习也是如此。习惯了每天都在学习的生活,突然有一天没有学习了,你会不会觉得仿佛缺少了什么呢?

十三、自我奖励

在克服困难完成作业或者做完自己不喜欢做的事情后,记得奖励自己。甚至成人也可以这么做,例如在完成一个重大项目后,可以给自己安排一个有趣的假期。下面是给自己的奖励:

① 听 5 分钟自己最喜欢的歌曲。

② 多看半个小时的电视。

③ 和宠物玩耍。

④ 玩 5～10 分钟自己最喜欢的游戏。

⑤ 画画或者唱歌等。

期末考试或者完成一项长期作业后,你也可以奖励自己和朋友去看一场电影。提前考虑一下你会如何奖励自己,并努力实现!

第四节　教师与家长的角色策略

不论是处于哪个年龄阶段的学生,不论是拥有丰富经验还是基于兴趣爱好的业余水平,都应该得到支持和鼓励。下面为大家列出一些教师和家长在他人学习知识技能过程中可以提供的帮助。

一、设定期望值

学习是艰苦的,尤其是在接触一个新的领域的时候。在学习的过程中,学习者的上级,即教师和家长,需要为学习者提供及时的支持和鼓励,在学习者学习的过程中提供积极的反馈和主动进行表扬,扮演好学习者的鼓励人和推动人角色。

然而在这个过程中,一定要注意的是:不要太注重学习者的结果,而要关注学习者的过程。只看结果意味着否定了学习者在过程当中所做的全部努力。只有注重过程才能更好地保证学习者具有源源不断的动力,当学习者遇到了经常对自己进行鼓励的教师,往往很大程度上会增强学习者的内驱力,促使学习者时刻保持积极的学习状态。卡罗尔·德韦克(Karol Dweck)的研究说明,当夸赞别人的时候不适宜用"聪明",因为这样容易导致被表扬者产生骄傲自满的情绪,产生一种自己始终比别人聪明的错觉,反而不利于他的进步,导致他不愿意再继续努力。所以,为了保持学习者的动力,需要经常对学习者说"你非常努力,表现得不错。""继续努力吧!"

教师和家长面对的几乎都是处于学生时期的学习者,大多数心智尚未成熟,需要他人的约束和干预,需要长辈为其确立目标和定制规则。但是很多教师和家长认为,制定出来的规则是专门约束孩子的,和自己没有关系。这种想法是十分错误的,家长们更重要的是要以身作则,在孩子面前做好表率作用,树立一个值得孩子模仿和学习的榜样。当榜样犯了错误的时候,要虚心接受规则里的惩罚,否则制定的规则对孩子起不到任何作用。

二、间隔学习时间

遗忘是一件十分正常的事情,很少有人能够做到过目不忘。就算是记忆力再好的人,也会产生遗忘。每个人的记忆能力是不同的,有的人可以记一辈子,有的人一分钟就忘记了。在学习的过程中,遗忘是常常发生的,不用为此感到气馁和挫败。研究发现,在学习新知识几个小时后,学习者就会遗忘大部分的内容。

考虑到学习过程中会有所遗忘,就需要将学习时间延长,一个学期的知识要分单元进行,一个单元的知识要分课时进行。这样在分割和每节课的重复中能够帮助学生减少遗忘。减少遗忘的另一个途径就是复习,当人们已经遗忘的时候,可以将学习过的内容和笔记进行复习,并且学会利用碎片化的时间,随时随地对知识点进行记忆。比如,吃早餐的时候,坐公交的时候,排队的时候,人们可以将零散的时间利用起来,增加复习的次数,提高记忆效果。

三、鼓励专注

人很容易受到环境的影响。营造一个安静的环境,减少周围事物的干扰,能够有效地提高专注力。一个人的专注力一旦得到维持,其学习和工作效率就会明显提高。谷歌公司会为需要专注环境的技术团队预订私人办公室,避免周围嘈杂环境的干扰,让他们有条件能专注于工作当中。

让人专注的另一个方式就是减少信息、留下核心。核心信息是需要人们特别关注的,因此就要减少核心信息之外其他信息的干扰。所以,在制作 PPT 时,想要大家专注于你的核心论点,那么你的 PPT 页面就不要将所有内容罗列上去,这样不仅让人抓不住重点,还会产生视觉疲劳。因此,在制作 PPT 时,每一页都需要有一个核心信息,让听众跟着你的思路走,就算走神了也能在看到 PPT 时,就能"get"到重点。

四、鼓励犯错

在中国式的教育中,一直以来都在推崇成功教育,光环只会聚集在成功者身上,而失败者甚至被否定了所有努力。即使从小就知道"失败是成功之母",但是失败对于孩子和有的家长来说是一个很糟糕的词,家长这样的情绪会直接影响学习者。人们需要从小就给孩子灌输不怕失败的观念,甚至还要鼓励他们犯错,让学习者真正明白失败是走向成功的必然阶段。失败是一次很难得的机会,它可以让人们思考自己出现的问题,并及时补救。因此,家长、教师和职业经理人要鼓励犯错。

如何鼓励学习者犯错呢? 家长和教师应该避免直接将正确答案呈现给学习者,要让他们自己去寻找解决问题的途径。父母需要做的就是,允许孩子独自面对陌生的情况,培养他们在陌生情境中独立解决问题的能力。

五、鼓励反思

很多人都存在过度自信的问题,但是这也未必是一件坏事。如果一个人没点儿自以为是的倾向,那世界上将会失去很多传奇的故事。当然在学习上,人们还是要始终保持一种谦逊的态度,不要盲目自大,不然可能会忽视在学习中出现的问题。

每次下课的时候,可以留给学生"收尾问题"。学生面对这些问题时需要思考:我从今天的课程中学到了什么? 哪里是本次课程的重点? 还没有解决的问题是什么?

收尾问题可以把学生的注意力引到那些容易混淆的地方,并引导学生思考如何有效地解决这些问题。这样才能使学生养成自己思考、自主学习的习惯。

六、营造适合学习的家庭和教育环境

孟母三迁的故事让人们知道了环境的重要性。环境会影响一个人的心境,在嘈杂脏乱的环境中学习,效率不如在安静闲适的环境中学习。当你在宿舍中听到舍友们讨论今晚去哪里吃大餐看电影时,你的心也早早地飞到商场里去了。当你在图书馆看着周围拼搏的身影,也许你会为自己浪费的每一秒钟而感到愧疚。当你处在一个适合学习的环境,你会不自觉地安静下来,能够更加容易进入学习状态。

现在的课堂依然是教师在讲台上讲、学生在下面听的授课形式。学生都在被动地接受知识,所有的答案都需参照标准答案,抑制了学生思维的发展,导致人们国家学生想象力与创造力的缺失。如今,审美教育应该得到重视,不单单要培养一批会做题的学生,还要培养有审美能力的学生。因此,国家亟须创新学校的教学模式,转变当前落后的教育理念。

七、帮助孩子发展记忆的技能

一些研究者通过培育认知活动以增加信息处理的深度的方式来支持儿童记忆的技术方法。这些技术方法包括制定战略建议、提出元认知问题以及通过特定方式对教学活动加以结构化从而支持对先前知识的实践与联结。科弗曼(Coffman)及其同事试着将这些技术方法应用在一年级课堂中,有证据显示,应用这些技术方法的正面效应具有可持续性,其效应会超越应用技术方法的这个教学年度,即这种早期经验会对儿童的记忆结构产生持久的变化。另一项在二年级学生中进行的研究也得出了相似的结论,如表 5-1 所示,研究实验中,有一些教师使用了功能丰富的教学脚本来帮助学习者记忆,而另一些教师使用了并非旨在培养学习者学习策略的教学脚本。结果表明,接受第一种教学的儿童在问题解决能力方面表现出显著进步,而且这种提高在干预结束后还持续了 1 个月之久。

表 5-1 与记忆相关的教学技术方法

	定义	举例
策略建议	建议儿童采用某种方法或程序	如果你在思考如何将轮和轴连接起来时有困难,你可以看看这张图来获得帮助
元认知问题	要求儿童提供一种自己可能会使用或者已经使用的策略,或是让其说明他使用某种策略的理由	你是怎么发现建造一个牢固的结构需要多少个部件的? 你是怎么知道这样能行的
教学活动	要求从记忆中提取信息,并要求教师呈现教学信息	今天人们将建造人们自己的小汽车。谁知道在建造一个新结构时第一个步骤是什么
认知结构化活动	要求从记忆中提取信息,要求教师的教学能够影响信息的编码和提取,例如集中注意力或者对教材进行组织	所有这些交通方式都有轮子,你在镇上还见到其他哪一种有轮子的交通工具
元认知	要求从记忆中提取信息,并搜索找到或征询元认知信息	这是哪种齿轮? 你是用什么线索找到它的

资料来源:Grammer J K,Coffman J L,Ornstein P A,2013. The impact of teachers' memory relevant language on children's strategy use and knowledge[J]. Child Development,84,1989—2002.

第六章　独辟蹊径:巧用记忆术

古希腊人虽然创造了勒莫塞尼这位专司记忆的女神,但记忆术毕竟不是神的谕示。据西塞罗(Cicero)的《论演说家》第二卷第八十六节记载,记忆术(mnemonic)是由西摩尼得斯(Simonides)创立的,他是古希腊最有名的抒情诗人之一,绰号"蜂蜜舌头",他生活的年代大约是公元前556年—公元前468年。公元前515年,有一位名叫斯科帕斯(Scopas)的贵族宴客,凯奥斯岛的西摩尼得斯作为来宾吟了一首诗向主人致敬,这诗中有一段赞美了天神宙斯的双胞胎私生子卡斯特(Castor)与波鲁克斯(Pollux),即双子座的守护神。斯科帕斯富有而高贵,却是一个非常不文明的人。他粗暴而且很小气地告诉西摩尼得斯,原先说好的吟诗酬劳他只能付一半,另一半应该去找那对双胞胎神祇索讨,因为他们在诗里受到了同等的赞扬。不一会儿,有人通报,宴客厅外面有两个年轻男子要见西摩尼得斯。西摩尼得斯便离席走出厅外,却没看见任何人。就在他走出去的时候,宴客厅的屋顶塌了下来,把斯科帕斯和其他所有客人都压死了。尸体个个血肉模糊残缺不全,来收尸的亲友都认不出谁是谁。在参与宴会的所有人当中,西摩尼得斯是唯一幸存者。由于他清楚地记得客人们在宴席上的座次,所以能根据座位告知前来收尸的人哪一个是他们的亲人。卡斯特和波鲁克斯这两位未露面的神祇,在屋顶塌下来之前把西摩尼得斯召唤出去,算是给他吟诗赞颂的最为丰厚的报酬了。在经历了这一次的突发事件之后,诗人顿悟出了记忆术的原理,也因此顺理成章地成为记忆术的创始人。他从自己记得宾客在席上的座次而能认出尸体的事实领悟出:"安排有序乃是牢固记忆的前提。"他推论,想要锻炼记忆能力的人必须选好场所,把自己要记住的事物构思成图像,再把这些图像存入位置,以便让位置的次序维系事物的次序。这些事物的图像会指明事物本身,人们便可分别取用位置和图像。

西摩尼得斯创立的方法叫位置记忆法,这种方法有两个主要特征：一是寻找位置，二是进行想象。自西摩尼得斯开始，位置记忆法在古代欧洲开始流行，并在中世纪通过宗教思想家大阿尔伯特和托马斯·阿奎那传承下来，至今已有 2 500 多年的历史了。后来的罗马房间法、行程法、身体部位法、汽车部位法等，都是根据这一方法引申出来的。

　　文艺复兴时期，记忆术的倡导者把这样的行程叫作记忆宫殿。古希腊罗马时期的演讲者准备演说时，会把要谈论的内容转化为复杂的意象，存放在一个记忆或想象的建筑物，比如宫殿内。实际上，这也是今天人们常用的"第一（in the first place）""第二（in the second place）"等的说法的来源。另外，英文的 topic（主题、话题、题目、论题）一词，它来源于希腊语的 topas，原意是"位置"。从记忆术自产生之初即服务于修辞学和演讲术的历史来看，人们不难看到记忆术在西方文化中的痕迹。

记忆术本质上是一种短期的记忆策略。记忆术是指帮助人记住事物的方法。人们可以将新知识与自身已经掌握和牢记的知识联系起来，这样就有利于人们的记忆。当需要记忆的内容对于自身来说比较复杂时，人们可以尝试联想记忆。比如英文单词 business 是生意的意思，就可以这样记，在公交车（bus）里面（in）有一只鹅（e）和两条蛇（ss）在谈生意。这样既将单词的意思记住了，还把单词的拼写记住了，事半功倍。埃莉诺·马奎尔（Eleanor Maguire）等人的研究表明，世界上最优秀的记忆者的大脑在解剖学上和其他人没有任何不同：记忆冠军们只是利用了一种也被叫作"记忆宫殿"的记忆术，想要记住大量的东西，你可以把它们放在"宫殿"周围，这可以是任何你熟悉的地方。要想回忆这些东西，你只需回忆你放置这些东西的路线，并提取这些东西即可，这个技巧可以让你在日后更易回忆起你所需要做的事。

第一节　不同种类记忆的年龄发展规律

记忆术可以帮助你记住很多事情，可以用在大部分科目的学习上。创建属于自己的记忆术很有趣，不过，人们先来看看一些常用的记忆术。有时，人们创造一些有趣的句子来帮助自己记住一系列事情。例如，为了更好地记住化学元素周期表的前 25 个元素：氢氦锂铍硼碳氮氧氟氖，钠镁铝硅磷硫氯氩，钾钙钪钛钒铬锰。有人创建了一些有趣的句子来帮助记忆,例如:"侵害鲤皮捧碳,蛋养福奶,那美女桂林留绿牙,嫁改康太反革命。"如果死记硬背元素周期表,就会比较困难和无趣,有了这个方法背起来就容易多了。又如,通过创作首字母缩略词来达到记忆效果。例如,"NEWS(新闻)"能够帮助你记住四个基本的方位,即 north(北)、east(东)、west(西)、south(南)。

随着婴儿逐渐成长为大人,人类最早开始形成的是原始的程序性记忆,接下来是情景记忆。从出生后到三四岁,人们几乎没有关于这段时间的记忆,因为在人们刚出生后不久的这段时间里,情景记忆还没有形成,所以那些与人们自己相关的记忆自然留存不下来。但在此时,程序性记忆已经逐渐开始形成,所以人们才能掌握爬行和走路等技能。等到再稍微长大一些,语义记忆一旦开始形成,人们便能慢慢学会说话。但是,情景记忆却要在人类成长过程中很晚的阶段才开始形成,所以就像小时候自己在什么时间做了什么事情这样的记忆是留存不下来的。

有研究者认为,在上初中之前,人们的语义记忆比较发达,而一旦过了这个年纪,就是情景记忆占优势了。比如现在的小学,老师会在孩子 10 岁之前教他们九九乘法表,目的就在于充分调动孩子发达的语义记忆,让他们牢记这些基础知识。这个年龄段的孩子虽然理解不了比较难的逻辑,但是在文字的排列、绘画以及音乐方面(程序性记忆)往往能够发挥出超强的记忆能力,但这种能力会在迎来第二性征发育期的初高中时期衰退,而脑也会逐渐开始重视情景记忆。

美国知名的神经学家约翰·梅迪纳(John Medina)认为大脑其实拥有多个不同的记忆类型,随着年龄的增长,有些记忆类型会衰退,另外一些反而会增强。哪些记忆类型会随着年龄的增长而衰退?

1. 工作记忆

当你的大脑在执行一项任务的时候,它要对信息进行暂时的存储和加工,这时候人们动用的就是工作记忆。你可以把它想象成是大脑里的一个临时工作台,当你的大脑要执行某项任务的时候,就需要把用到的信息从大脑深处提取出来,放在"工作记忆"这个平台上处理。比如说你能在极短的时间里想起一个老朋友的名字,快速地完成心算,记得在出门的时候拿上手机和钥匙,等等,这些都是工作记忆在起作用。

研究显示,人在 20 多岁的时候工作记忆的能力最强,到了 40 多岁的时候会有一个大幅度地下降，一般来讲，到了80岁的时候工作记忆能力就会降到低谷。工作记忆能力的这种衰退表现在生活里就是人们常说的健忘。比如，你会觉得一转眼就忘了把手机放哪里了，或者一打岔，就突然忘了接下来要做的事情了，等等。

2. 情景记忆

比如，你记得某一年的夏天，你跟同学们一起踢足球，其中一个人摔倒磕伤了膝盖等等。这就是情景记忆。研究发现，一个人的情景记忆能力会在20岁的时候达到峰值，到70多岁的时候就会大幅度下降。研究人员曾经做过这样一个实验，让年轻人和老年人听同样的一个演讲，之后让他们回忆。结果发现，回忆演讲内容的时候，老年人和年轻人表现得都不错，但是当具体问到演讲人是谁，是男是女的时候，老年人就不如年轻人记得那么清楚了。这就表明，老年人的情景记忆能力要比年轻人差很多。

哪些记忆系统会随着年龄的增长而增强？

1. 语义记忆

它是人脑对词义、语言、做事的步骤和解决问题的策略等信息的记忆。比如你会熟练使用"牛顿力学定律"、你知道"敦煌在甘肃省"等，这些动用的就是语义记忆能力。研究发现，人在20多岁的时候，语义记忆的能力并不是最高的，一直到六七十岁，语义记忆能力还会继续增长。研究者曾经做过这样一个实验，他们追踪了实验参与者的词汇量，结果发现，大多数人的词汇量到68岁的时候才会达到峰值。这也说明了人们的语义记忆能力会随着年龄的增长而不断增强。

2. 程序性记忆

简单来说，程序性记忆就是人在完成一项任务时，大脑进行的一种无意识操作。比如你在开车的时候不会去想"现在我要打开车门，然后坐进驾驶座，再用大拇指和食指拿起钥匙，接着插入钥匙孔，并且顺时针旋转30度"……你会连想都不用想，一气呵成地完成以上所有动作。这就是你的程序性记忆在发挥作用。研究者曾用一个实验来测试年龄和程序记忆能力的关系。他们让年轻人和老年人，同时开始学习一种新运动。两年之后，再去测试他们的程序记忆能力有什么变化。结果发现：老年人的程序记忆能力提升得竟然比年轻人还要快。

因此，不能笼统地来看待记忆，记忆是分成不同类型的。工作记忆和情景记忆确实会随年龄增长有所衰退，你可能会因此记不清早餐吃了什么，回想不出某本书的作者是谁;但是语义记忆和程序记忆反而会随着年龄增长而增强。所以当你年长之后,你依然能够做到博闻强记,仍然擅长演奏你喜欢的乐器,享受各种运动的乐趣。

由前文可知,人们擅长的记忆的类型会随着年龄的增长而发生变化。也就是说,每个年龄段都有该年龄段所擅长的记忆类型。因此,人们在学习时最好能选择与所处年龄段相匹配的学习方法。例如,在初中时期的前半阶段,当人的语义记忆能力还比较发达的时候,只要把考试范围内的知识"死记硬背"下来就足以应付考试,虽然很耗费精力,但好歹能过关。但是进入后半阶段,也就是备战中考的时期,情景记忆便开始逐渐占据优势,此时仍然采用之前那种毫无章法的死记硬背法是行不通的。如果注意不到自己的大脑已经发生了重大的变化,只是采用以前那样相同的学习方法,那么人们就会逐渐感觉自己的能力达到了极限。此外,人们还会感叹自己的记忆力下降了不少,其实这可能是因为其更为擅长的记忆类型发生了变化而已。

有些人上小学时明明成绩很好,但到了初高中阶段成绩却开始急剧下降,原因很有可能就在于他们并没有采取相应的措施以应对自己记忆类型的变化。因此,充分了解自己的记忆习惯并能随机应变、采取合适的应对措施,这一点非常重要。相反,有些人到了初高中以后成绩才开始突飞猛进。不论他们本人是否清晰地认识到了这一点,可以肯定的是,这些人很早就察觉到了自己记忆类型的变化并采取了合适的学习方法,正因如此,他们的成绩才会提升得这么显著。进入初高中阶段,与死记硬背的记忆方法相比,更重视逻辑和原理的情景记忆会逐渐占据优势。情景记忆需要人具备充分理解事物并掌握其原理的能力,因此学习方法也要进行相应的调整,死记硬背显然是行不通的。一旦进入高中阶段,死记硬背就再也算不上是一种有效的学习方法。

当然,死记硬背本身就有重大缺陷,因为人通过这种方法记住的知识很有限,这些知识的应用范围也是有限的。相反,如果能通过厘清逻辑、掌握原理的方法来记住知识,那么就可以将知识应用到其他具有相同逻辑和原理的事物上,这就是学习迁移。即使记忆的总量相同,相较于通过死记硬背获得的记忆,逻辑层面的记忆也可以更广泛地发挥作用。也就是说,情景记忆的应用范围比较广。所以,上了初中以后,大家应该尽早舍弃依赖于对语义记忆的死记硬背的学习方法。所以,下面涉及记忆术的核心技巧,其实是为青少年以上的人而设置的,例如联想法、地点法等都需要个体积极主动地进行策略性加工,而且本质是制造强烈的情景记忆,显然这对于儿童而言有点难。不同的记忆系统或记忆类型就像大脑里的一个个硬盘,想要发挥出它们的最大潜力,就需要你主动并且灵活抓住时机地去使用。

第二节　联　想　记　忆

联想记忆是人们学习过程中从始至终都需要应用到的技巧,很多学生很恐惧背诵,当辛辛苦苦背下来的内容被遗忘的时候,便会产生很大的挫败感。联想记忆法可以让你在短时间内记住看似毫无关系的多个对象,比如彼此间没有联系的 10 个单词。人们的短时记忆空间是有限的,最新的记忆理论提出,一个人在学习新知识的时候能储存在短时记忆空间中的信息是 4 个单位,超过这个数量的信息很难进入大脑的短时记忆空间。那么,这是不是意味着人们就没有办法在短时间内同时记住 10 个单词呢? 并不是。

比如,你要迅速记住以下 10 个词语:苹果、飞机、鸵鸟、石头、帅哥、物理、空气、大炮、袋鼠、快乐。单独记忆这些不相关的词语超出了一般人的短时记忆空间容量,但如果把苹果和飞机联系在一起变成"苹果打中飞机",把鸵鸟和石头联系在一起变成"石头打中鸵鸟",把帅哥、物理和空气联系在一起变成一个"物理成绩很好的帅哥在计算空气体积",把大炮、袋鼠、快乐联系在一起变成"一只袋鼠从大炮中快乐地飞了出去",就可以通过联想把 10 个词语压缩成 4 个画面,需要的短时记忆存储空间刚好变成了 4 个,你就可以马上记住这些词了。这种压缩信息的联想越天马行空,给你留下的记忆就越深刻。

接下来,人们如何将临时突击学到的知识变得更牢固、更持久呢? 技巧有两个:一是记忆可视化,二是记忆可联想化。记忆可视化是指如果你需要记忆一个语义信息,比如一个历史事件,那么你可以尝试把这个事件的来龙去脉在大脑中以放电影的形式想象出来。这种可视化的记忆方法可以让你在很长时间之后还记得这个历史事件,这是为什么呢?

大脑的视皮质叫作枕叶,就是人们晚上睡觉时靠着枕头的脑袋后部。枕叶皮质的面积较大,在进化史上也很古老,因为动物最早分化产生的感觉器官之一就是视觉器官,这个区域在胎儿大脑发育过程中也是最早成熟的。大脑中负责语言的区域叫颞叶,颞叶在耳朵边上,左右各一块;这个区域在进化史上非常晚才出现,并且只在人类和极少数动物中才比较发达。丰富的语言是人类独特的功能,而颞叶在大脑发育中也是最晚成熟和最早衰老的区域,相对脆弱。如果人们把学到的抽象语言知识可视化,使古老而强大的视皮质也参与到记忆活动中来,记忆效果就会更好。

记忆可联想化则多用于记忆没有逻辑和规律的知识,例如记忆英语单词。某出国留学机构在英语教学中会教学生把一个长单词拆成头尾两个"小单词",然后把这两个小单词的意思和这个长单词的意思用联想法联系在一起,之后就可以通过小单词联想起长单词的意思。

让我们从关联物开始——记忆的关联和捆绑机制。如果我说出一些你熟悉的字,你会自动发现这个字引发了一系列的联想性思考、记忆和画面。比如提到"水"这个字,你会想到什么? 你会想到哪些画面或过往经历?

你通常不会想到化学课本里对水的解释:一种化合物,化学式为 H_2O,水分子包含 1 个氧原子和 2 个氢原子,通过共价键结合等。

不,这不是你大脑的运转方式,这是一种线性思考方式。大脑喜欢新鲜的想法,让一种想法来激发出一系列相关联的记忆。

你会看到一个瀑布、滴水的水龙头、海洋、河流、暴风雨、彩虹湖和一瓶水。

如果让自己的思想逐流而上,这些画面中的元素将会带领你进行一场不会结束的联想记忆之旅:前往沙滩,沿着河流散步,在雨中淋湿……但你绝不会想到课本里的解释。

让我们来试一次,我将会说出一些单词,让你的思维向你展示它想要展示的,这应该是自动产生的想法——这些画面会在你还来不及思考时,就立刻跳入你的脑海中。

好,让我们开始:

油漆(paint)	吉他(guitar)	奥巴马(Obama)
假日(vacation)	雪(snow)	巧克力(chocolate)
婚礼(wedding)	镜子(mirror)	枕头(pillow)

你会注意到,这些单词会激发各种各样的联想、想象、感受、味觉、嗅觉、听觉,当然还有视觉。

当我说吉他时,或许你会想到一种音调。

当我说巧克力时,或许你会联想出品尝巧克力的画面。

当我说婚礼或雪花时,你或许会回想到曾经与家人共度的特殊时光。

这些类型的自传式记忆与你对过去情景的回忆相关。令人印象深刻的是这些关联想法被触发的速度,这些画面即刻出现在脑海中,瞬间发生的联系是记忆训练的重要方面。

了解到一个单词是如何唤起回忆后,接下来将学习如何在两个并无明显关联的单词之间建立联系。如果没有过去的某些事物作为参照,你就不可能在两个概念(比如单词)之间建立联系。你的过去为你提供了某种经验,而正是这种经验可以帮助你由一个概念展开联想并过渡到另一个概念。也就是说,要想从一件事情想到另一件事情,最快的方式就是直接找到两者之间的联系。

举个例子:钢笔和汤。你会怎样在两者之间建立联系,牢牢记住它们呢?通过自由的联想,可以想出了以下几个场景:把钢笔当搅拌棒来搅拌汤(可能随着墨水的不断流出,汤会逐渐改变颜色);用钢笔在浓汤里画图,或者写个单词;把汤当作墨水灌到钢笔里写字;把钢笔当作吸管来喝汤等。

总体说来,第一个跳入你脑海的关联物将会是最可靠的。这些事物进入大脑的速度很快,因此很有可能代表的意义也就更大。在联想的过程中需要学会排除干扰,但千万不要因此完全清除内心的杂念,也不要试图让所有的联想都有实际意义,你只要设法把不同的事物联系起来就可以了。

1. 链条法

你的记忆能保持多长时间? 大多数人回答:只有短短几分钟,然后就会渐渐忘掉。而链条法的使用可以让你的记忆起码保留 24 小时。链条法就是动用你的各种想象力,将看似不相关的一系列事物串联起来形成一个场景,达到记忆的效果。使用链条法的关键在于建立上下文的场景。

记住,你的想象越鲜活,信息就会被记得越牢固。建议在使用链条法时动用第一人称,想象很多动作是你本人在做会让你感觉故事更加真实。另外,当你真正置身于一个故事中时,会对周遭发生的一切产生感情,它也会向你的大脑传递信息,大脑就会相信这一切都是真的,这样记忆起来自然就会更加容易。有趣的是,科学证明人类的神经系统并不能分辨什么是真实的、什么是想象出来的,只有靠你本人来判断。所以事实上,欺骗自己的大脑是件相对容易的事。

让你的大脑尽快确定它想要挖掘的共同特性,无论这个特性是什么。因此你不需要费尽心思地去想,让大脑自由地运转就好。只要你自由地展开想象,跳入你脑海的物体是什么并不重要。但凡事都有例外。实际上,绝大部分书籍和课程都会建议你把这些联系夸张化、怪诞化,甚至令它们听起来很荒谬。

现在,如果你是第一次开始记忆力培训,你会发现难以迅速地找出事物之间的联系。然而,你的大脑的主要功能是逻辑性思考。在记忆和回忆海量信息之后,最佳的联系必然是那些与真实世界最贴近的,因为人们所生活着的世界是合理的,所以人们可以更加轻松地记住这些合理的联系。

过于异想天开的想象所带来的问题或危险是,过了一阵子,由于你想象的场景过于夸张,对于你的大脑来说,它们失去了可信度。

建议是:保持一定的真实度。从可信度角度出发,"一条裤子上不小心沾上了黄油"要比"一条鳄鱼吃了黄油"更容易记住。

2. 故事联想法

故事联想法是把不相关的信息通过故事的形式来创建形象形成有效的连接,帮助记忆。

想象一位在巡逻中的警察,如果你想到了自己的熟人,或一个已经加入警察队伍的人,甚至扮演警察角色的某个著名演员或喜剧演员,这样形象更加真实,从而使他们更加便于记忆。他正拿着一个手电筒,这时人们会猜测现在是晚上。他正拿着手电筒检查一块草地。他在草地上找到了钟,此刻你会想到了童年时的一台老旧的旅行钟,这个场景对你的记忆力更具信服力。如果这个故事能与自身经验产生共鸣,那么联系就更紧密了。

第三节 地 点 法

地点法也称位置法,是打造完美记忆的第二把钥匙,也是记忆地图中的关键元素。地点就像是人脑中的文件夹,可以帮助你快速存储和调取信息。人们生活在一个三维世界,会不自觉地对各种东西进行定位,所以具有一种天生的位置感。

早在2 000多年前,古埃及人和古罗马人就已经学会使用地点来辅助他们记忆。记忆力训练的鼻祖西摩尼得斯就曾展示过记忆力的一大要素:地点。他会选择自己最熟悉的一系列场所,比如某个房间或餐桌旁的某把椅子、所在城市或者就读的学校等,将它们作为固定路线,然后把自己想记住的东西"安插"在沿途的地方,以便更有效地进行记忆。

地点是记忆力的地图。人们在三维化的世界里航行,留下了足迹,存储了有限的经验与记忆。为了回忆这些具体的场景,人们必须回顾当时体验的地点,人们的大脑就像个人的卫星定位系统,帮助人们精确定位记忆。

个人回忆和地点是相互交织的。令人惊讶的是,这是一条双行道。地点唤醒了回忆,回忆触发了地点。例如,你能够回忆起汶川大地震时,你在哪里吗?地点感受和情景记忆是联系在一起的。人们对每个地点的感受不仅取决于人们的空间意识,还和人们的情景记忆有关。所谓情景记忆就是对那些人们曾经参与过的事件的回忆。情景记忆就像是一部个人传记,当你的人生曾经在某个地点翻开过一章(甚至是几章)时,你就会形成相应的记忆,一旦能让它成为帮助你记忆的工具,效果肯定会让你大吃一惊。

回顾过去,每个人都有一个记忆文件夹,里面记录了人生的重要时刻。花几秒钟想一想你的过去,你可能会想到童年往事,例如你的生日、你的某一次欢笑、你流泪的时刻。它们代表着生活中的情感基石,指引着人们下一阶段的人生方向。人们从中学到了有价值的经验,也促使人们对未来作出更好的决策。这是人们天生就有的工具同时,人们也有可能创造出人工的、非程序设定的经验记忆。

你是否注意到广播里播放的某首歌曲会立刻带你前往一个具体的地点?熟悉的歌曲、气味、脸孔或感觉都具有强烈的触发性,它们带领人们进行星际航行,穿越到具体的地点。人的大脑能够自由地联想,找到任何两种信息之间的关联。同样,人的大脑会自动搜索和发现任何单词、物体、概念、想法以及地点之间的联系。

假设在公园附近散步了一个小时左右,你可能会听到一场振奋人心的对话,或许与散步完全无关。当你回家后,通过回顾散步过程中的点点滴滴,你还可以回忆起对话的一些片段。地点是记忆训练过程中的不可或缺的重要元素,因为它很容易引发人们的联想,地点也是路径记忆法的重要基石。

第四节　想　象　力

如果联想是引擎,地点是地图,那么想象力就是燃料,它驱动人们的记忆力,是记忆力最重要的元素,没有它,人们哪儿都去不了。幸运的是,你有充足的想象力供给,它不像汽车中的燃料,它取之不尽、用之不竭。想象力是记忆的燃料,它本身就意味着巨大的创造力。爱因斯坦曾说过:"想象力比知识更重要,因为知识是有限的,而想象力概括着世界上的一切,推动着进步,并且是知识进化的源泉。"事实上,想象力绝非艺术家、音乐家或诗人所独有,它其实是每个人都拥有的东西。

想象力和记忆力天生就密不可分:一方面,想象力和记忆力一样,需要动用左右脑;另一方面,想象力是记忆力的内在组成部分,如果想要记忆力更高效,你就必须学会想象。训练你的记忆力需要大量运用你的想象力。你越是发挥你的想象力,就越容易在脑海里构建各种图像和想法,而且速度会越来越快,构建的图像也会越来越清晰。自然而然地,你的记忆力也会越来越强。"想象力"这个词并不是让你在脑海里画出一幅完整的图像,而是让你进行各种创造和加工。一说到某个词,你脑海里会自动浮现出一幅只有你才会想到的图像,它只存在你的大脑中,并不一定非要与现实相符。

有时,在大脑中把这些信息转换成图像还不够,图像只能给你留下视觉印象,要想进一步强化记忆,你还可以为这些图像增加一些维度,比如,动用你的五官,想象一下它会发出什么样的气味?尝起来是什么味道?摸起来是什么感觉?听上去是什么声音?或者你也可以增加一个新的维度,建立一个场景,来促进有效的记忆。

"想象"这种行为还可以强烈的刺激海马区,它具有精致化和活跃海马区的优点。越充分地发挥自己的想象力,记忆就越能长久地保留下来。要想顺利地发挥想象力,最好的方法就是自己创作用于记忆的谐音,因为创作过程本身就是一种"情景记忆",所以自然就能想象出谐音文字所描绘的情景来。当然,即使不使用谐音记忆法,联想也很重要。只是在这种情况下,与单纯地把知识或信息关联起来相比,人们更需要充分发挥自己的想象力,让知识的内容更加丰富。

第五节 记 忆 训 练

一、身体定位记忆法

身体定位记忆法是一项快速记忆简短信息的方法。这种方法极其简单,对于记住诸如购物清单之类的东西却极其有效。身体定位记忆法的原则在于:通过将要记住的信息和身体各个部位连接起来,从而有效地记住它们。你想象的画面越是鲜活或大胆,它就越容易被储存进你的大脑,你的记忆也就越牢固。

虽然表面上看,身体定位记忆法可以帮助你记住大量信息,但我建议需要记忆的事物最多不要超过 10 个,否则就很容易出现错误。如果你恰好有 10 件以下重要的事情要做,身体定位记忆法就是一个绝佳的方法,可以让你牢牢地记住它们。比如,你想要记住购物清单上的 10 件商品:

涂料 狗粮 报纸 牙膏 手电筒 香蕉 处方 鸡肉 洗发水 闹钟

记忆方法举例如下:想象自己的脚不小心踩到一桶蓝色涂料里,双脚顿时被染成了蓝色。这时,一只狗突然跳到膝盖上,想要吃狗粮。你的大腿根处的口袋里装着一份今天早晨的报纸,肚脐眼里会自动发出一束手电筒的光亮,胸前贴了一张医生刚开的处方,肩膀上扛着一块鸡肉,嘴巴里冒出牙膏的泡沫,鼻子弯得像根香蕉,刚用洗发水洗好头,头发还湿漉漉的,同时两只手里拿着一个正在发出声音的闹钟。就这样,只要稍微发挥一点儿想象力,你就可以记住一张购物清单。

二、路径记忆法

路径记忆法是将记忆的三把钥匙(联想、地点、想象力)综合到一起的一种高效有力的记忆技巧。对于演讲、购物清单、姓名、方向等来说,一条含有 20 或 25 个节点的路径足矣。如果需要更多的地点,你可以延长路径,以放置更多的数据。例如,如果你有一段含有 20 个节点的路径,终点在你的花园,那么跳过栅栏进入隔壁邻居的花园,在那儿再创建几个节点,或把路径延长到房子里或屋顶上,继续延伸下去,直到你有足够的地方来放置手头的数据。

最好的路径是什么样的呢? 和你有联系的、能激发你回忆的地点似乎是最佳选择。你设计的路径应该可以让你经过各种有趣的地方。通过将不同的节点进行分类,你的大脑会保持警惕状态,且产生冯·雷斯托夫效应,因而更容易记住要记的事物。

最喜欢也最可靠的路径,出发点可以在曾经住过的房子里,因为人生的大部分时间都在那里度过,那是与自己关系最密切的地方。尝试尽可能多地使用家里的房间。有时候,如果够宽,每个房间可以安排 2~3 个节点。

除了贯穿前后花园的小道,甚至还可以在屋顶开辟额外的路径。如果需要延长路径,可以将其延伸到附近的村庄,在公共汽车站停下,或在老水泵前停下,然后进入邮局,那儿有几个节点。再出来就是一个十字路口,还有可能是一个有趣的弯道。然后到达公园的大门,还会用到一座桥,接着是一条河流、一艘船、一棵树……过了一段时间,为了把它们串起来,你可以再找一栋可以进进出出的建筑或者酒吧,在这里你可以安排五六个甚至更多的节点。

当想象自己在某个地方漫步时,你会有强烈的“空间感”。当自己站在一个非常熟悉的地方,比如厨房时,把很多个人的记忆都加注到它身上,这样便可以用许多不同的方式来感知这个房间。这似乎说明,一个房间可能会因为自己赋予它的不同记忆而看起来完全不同。个人情感、季节等因素的结合可在任意时刻将你和周围的环境密切联系起来。经过一段时间之后,你会发现总有一些路径是你最熟悉也是最喜欢的,你几乎可以用它们来储存所有信息。换句话说,在使用路径法时,不用每次都临时设计路径,可以围绕你家和花园的 20 个节点的路线适合用来记忆演讲内容、购物清单、一系列任务,比如待办事项清单。

当人们开始实践"路径记忆法"时,会遇到的一个问题是:通过使用某个路径的路线,你是不是要记住两倍的信息——你想记住的信息和所有沿途的节点? 现在看来这是一个重要的问题,路径是储存和获取知识的媒介。开始时,你似乎必须记住两倍的信息。如果你想长期储存信息,而且你想储存的信息是如此之大,20 个节点完全不够,这时该怎么办? 那么,简单来说,就需要最大限度地利用每个位置的空间来延长路径。如果你选定的地点和你想要记住的信息之间有某种关联,那就更好了。当然,你也可以准备多条路径,每条路径用来记忆某一类别的信息。比如用高尔夫球场来记忆扑克牌等。现在先用"家"来设计一条路径,看看怎样利用这条路径来记住一张购物清单。

- 购物清单:

① 奶酪	② 牛奶	③ 橙子	④ 冰激凌
⑤ 麦片	⑥ 香蕉	⑦ 面包	⑧ 卷心菜
⑨ 鱼	⑩ 土豆		

用以下 10 个位置作为路径上的 10 个记忆桩:

① 前门	② 厨房	③ 客厅	④ 餐厅
⑤ 洗手间	⑥ 楼梯	⑦ 主卧	⑧ 卫生间
⑨ 客卧	⑩ 阁楼		

确保你所设计的路径符合逻辑。打个比方,一般来说,你不太可能一进前门就上阁楼,也不可能从卧室直接进到前门,所以你的路径要尽可能跟你的日常生活一致,这样才能毫不费力地记住它们。在设计路径的过程中,先闭上眼睛,想象自己从一个地点走到另外一个地点,甚至要想象家里熟悉的家具、装饰和相关物品。在这个过程中,一边想象,一边在心中计算自己路过了几个节点,然后尽可能地发挥想象力,再加入一些夸张、幽默的元素,或者你也可以动用五感——听、闻、看、尝、触摸自己想象的场景。当然,在这个过程中,你也要动用左脑来让自己的想象保持一定的逻辑性,对右脑的天马行空加以平衡。照这样的方式创建一部场景,将其固定在你的大脑中,然后转移到下一个节点。

比如,奶酪融化后从客厅的椅子上流下来,牛奶从水龙头里源源不断地流出来,你床头的阅读灯竟然是用土豆做的。一旦设计完路径时,不妨在心里快速复习一下,再重新绕房走一圈,每经过一个节点时,想象你在此处安置的物品,这样一来,到了超市以后便能了然于胸了。如果你能熟记路径,你就不会搞混顺序,你甚至可以倒着说出每件事的顺序。如果你想要特别记住某件事,你只需要在该节点上做个记号就行了。

要提高记忆力,必须创建一个路径库,只有这样才能随意调动路径来帮助记忆。设计路径完全是个人的事情,毕竟每个人的生活经历都是与众不同的,但在设计路径的问题上,有以下建议:

1. 选择你非常熟悉的路径

这样做可以把精力集中在要记的东西上,还能提高记忆速度。你经常遛狗的林间小径,你住过的房子、城镇和乡村等,这些都成了完美的路径。你对这些路径实在是再熟悉不过了,它们甚至融入了你的潜意识,你可以在大脑里像放幻灯片一样地回忆它们。刚开始练习时,你的速度可能没有那么快,但只要坚持,这些路径很快就会成为你的第二本能。

2. 选择比较有意义的路径

当刚开始记忆时,可以先在第一个记忆中停留一下,认真"感受"自己所处的环境,沉浸在周围的空气中,甚至去努力回想自己在这个地方时的内心感受。这会让大脑相信自己确实又回到了这个地方,就站在那里。这种想象越真实,记忆就越清晰。一定要找那些对你而言有意义的路径,最好能勾起你的某种情绪,这样更有助于记忆。

3. 选择富于变化的路径

你所选择的路径一定要有很多有趣的记忆桩。很多训练者都会觉得一条熟悉的火车路线是不错的路径。但他们很快发现,经过三四站之后,这条路径就会变得过于复杂而无法记忆了——因为所有的车站看起来都差不多。

一定要选择内容比较丰富有趣的路径,路径上的记忆桩要富于变化,每个记忆桩之间都截然不同,这种变化会让你时刻保持好奇心,记忆也会更加深刻。

4. 用特定路径来记忆特定事物

有些路径比较适合记忆某些事物。比如说,那些空旷的空间比较适合记忆演讲内容和姓名。这点因人而异,让自己有足够的空间来记住各种形象,有些形象可能比较复杂,需要在一个节点形成多个联想(比如,可能需要记住某个名人的某句话)。如果在路径中每个节点都有许多空间,你就可以把各种形象从容地结合到一起。

5. 选择视角最佳的路径

每次回想路径时，都要从同样的视角来观察每个节点。比如每次"路过"那家旅行社时，都站在门边看墙上的海报；每次路过十字路口时，都站在马路中央，看前面的马路。在路过每个记忆桩时，都一定要使用相同的视角，所以一定要选择那些你非常熟悉的路径，这样你才不会在每次"路过"某个节点时都想着改变视角。

用路径记忆法记住一本书，你可以在记完一本杂志之后，再尝试记忆一本书。通常来说，一本书在厚度上超过一本杂志，因而对于记忆桩的设置无疑是个更大的挑战。

你可以尝试这样操作：一边翻书，一边记住这本书前面几行的某个关键词。每翻到一页，看到一些比较重要、比较有代表性的字眼，使用路径记忆法将其记下来。根据书本厚度的不同，所选择的路径也不同，有时甚至会同时选择几条路径综合在一起，然后将这些字眼转化成图形，和相应的页数联系在一起。为了更方便记忆，你可以在每个节点上安放一页内容，第一页是第一个记忆桩，第二页是第二个记忆桩，以此类推。如果你想要记住 100 页内容，你需要使用两条各包含 50 个记忆桩的路径，你需要做的只是将第二条路径依次升级为 51、52、53……就行。

在回忆某一页的页码时，你根本不需要从头算起，可以事先设置一些关键点。只要从这些关键数字出发，就能很快找到相应的页码。

熟练之后，你可以在一个记忆桩上放两个图像，这样能记住的页码就会越来越多。但一定要确保每一个记忆桩上的两个图像之间形成互动。比如，如果某一页上的两个形象是"汤"和"青蛙"，我就会想象一碗汤倒在了青蛙身上；如果"青蛙"出现在"汤"之前，我就会想象一只青蛙跳进一锅汤里——第一个形象是主语，第二个形象是宾语。虽然听起来有些复杂，但事实上并不会用太长时间——你只要熟记这条路径，并且确保每个记忆桩上出现的第一个形象是主语，第二个形象是宾语就可以。

要想完全记住一本书，你需要投入大量的时间，保证效果一定出人意料。刚开始，你可以选一本薄点的书来试试，随着信心的增加，最终甚至可以毫不费力地记住整本小说。

三、罗马房间记忆法

罗马人是记忆技巧的伟大发明者和实践者。他们在记忆术上最大的贡献就是罗马房间记忆法。罗马人轻而易举地创立了这种记忆方法,他们想象出房间的入口后,用尽可能多的物品和各式家具堆满房间,通过适当的关联把每件物品和要记忆的事物联系在一起。

成功使用这种方法最重要的两点是:精确和次序。罗马房间记忆法有效消除了你对想象力的限制,让你想记住多少就记住多少。在纸上迅速地记下你最先想到的房间里的东西以及你对房间的想法。我在参加世界记忆锦标赛时就曾采用过罗马房间记忆法。如果你也想这样做的话,那就开始行动吧。如何对路径记忆法加以拓展,使你在同样的路径中记住更多的信息? 比如,如果有 10件待处理事项那么你就有 10 个记忆桩。那么如果有 20 件、30 件、50 件甚至更多的待处理事项,又该怎么办呢? 办法就是把路径记忆法和罗马房间记忆法结合起来。

罗马房间记忆法的具体使用技巧是:使用房间内的不同区域或物体作为提示,来提醒你相应的重要信息。你可以称这种方法为"路径中的路径"。比如,针对之前提到的记忆桩中的前门,你可以再选择以下 5 个子记忆桩:台阶、信箱、门铃、门把手和门框。最好能将每个地点的物品规定一个统一的摆放方向,比如说可以让它们按顺时针排列。

这样一来,每次走进一个房间或来到一个地点,你只要按顺时针方向想一遍,就可以回忆起该记忆桩上的多件物品了。比如走进客厅,你按照顺时针方向会看到桌子、椅子、窗户、电视和墙上挂着的多幅油画。仔细想想,你会发现客厅里其实摆放了成百上千件家具、小装饰品、日用品、图书等,这样你甚至可以在客厅这个记忆桩里再安插成百上千个小的记忆桩。当你完成所有的设置后,就可以在你的房间内做一次思维漫步,用你的大脑去精确记忆房间里每一样东西的顺序、位置和数量,动用各种感官去感知房间里的色彩、气味和各种声音。

通过以上记忆术的学习,大家了解了记忆术的方法。"记忆术"的精髓是:联想、地点、想象,以及不断练习。认知神经科学家也对人的认知过程做了很多深入研究,记忆是认知过程的重要环节;将记忆的过程比喻为编码、存储、提取三大过程。因此,记忆术的核心部分也不外乎在这三个过程中下功夫。记忆大师表现出的神奇能力,都是台下数日、数月甚至数年的投入练习才能达到,这其实和体育比赛的选手在体育训练中付出的努力并无区别。关键在于日常不断地训练和应用,有一天,我相信你也会成为记忆大师。

四、理性看待记忆术

记忆术已经出现了那么多年,为何人们那么多人都没学过记忆术?究竟记忆术对学习有没有用?先来看一个生活中的常见案例:

有两个孩子,小芳和小明,他们是同班同学,都是爱学习的好孩子。老师要求背诵的内容他们都会认真背诵,每天放学后的学习时间也差不多。小芳总是记得非常好,但是小明的记性就不怎么好了,很多东西虽然都花一样的时间进行了背诵,但就是很快就忘记了。于是,小明的老师和妈妈都觉得小明虽然已经很努力,但就是不太聪明,记性不好,不是做"学霸"的料子。

这样的故事每天都在发生。那么,这里面是否有不妥的地方呢?如果把记忆看成是一个人的天赋,这种天赋是稳定而不容易改变的能力,觉得有些人生来记性就好,有些人记性很差。这在心理学当中叫作归因,而案例当中是一种典型错误的消极归因,错误的归因和认知伤害了许多孩子,例如小明在这样的环境中,也觉得自己天生记性不好而且不聪明,付出那么多努力,还是不如别人,认为努力没有任何作用,于是开始进入学习的恶性循环圈,缺乏学习动机,消极"怠工"甚至厌学,最后导致学业成绩越来越糟。因此,为人父母或身为人师,必须首先学会对成败进行正确的归因。首先,记忆术是一种可学习的技能,它不是让记忆更轻松,而是更高效。儿童很难独立使用记忆方法和技巧,需要成人的帮助。优秀的老师会通过教学设计,将教学内容进行组织与呈现,用更科学的方式来帮助孩子记忆。"记忆术"用它的神奇表演,生动展示了普通人都可以记忆最难记的无意义无规则的内容(比如 1 分钟记忆一副扑克牌的顺序)。这种大脑的记忆能力,是每个普通人都具备的,只是需要学习和练习而已。但是,如果仅仅学习技术层面的东西,你会发现,即使你花费几个月的辛苦努力,学会了这些技术,对你的学习其实也没什么帮助。因为这些技术用于记忆扑克牌可能效果不错,但无法迁移到其他学习中,甚至会对正常学习造成理解的障碍。

用记忆术可以做到随时随地复习,无须看书,在头脑里回忆就行了,这就是记忆大师们看上去过目不忘的原因。当然,隔一段时间后,即便是记忆大师也还是要对照一下书本或材料,确认有没有记错。如果太过注重速度和时间,一味地追求在最短的时间里记住所有的东西,而不愿意去理解,去运用,那么记忆术并不能真正有用。就如超忆症人群尽管他们记得很多过往细节,但不代表他们能获得多大成就。如果能够深刻理解科学学习记忆的原理和方法,并且将其迁移到其他领域，将知识为己所用，记忆术才能发挥最大效用。否则，从技术层面看，记忆术最大的用途可能是记忆无意义的材料，即要记忆的东西没有很强的逻辑关系，像名字、扑克、单词等等。本书中人们提到了很多高效学习记忆的方法原则，它适用于任何类别的学习记忆，当然就如记忆术一样，要懂得灵活运用，这就是高效记忆的"秘密"。对于记忆来说，"意义"具有不可替代的地位：在各种层面，意义都深刻地影响着记忆效果。意义的价值和内涵体现在越有意义的内容，学习起来越容易，记忆效果越好。与之对应的就是"机械记忆"，俗称死记硬背。意义因为每个人的成长环境、认知结构不同，同样的内容其意义对于不同人是有差异的，所以教育提倡"因材施教"。意义的含义是广泛的，包括但不限于：内容含义、韵律、节奏、组织形式、结构规律……高效记忆的关键在于：找到要学习的知识点，理解它本身所具有的内在逻辑和意义（特别适合理工科知识）；并且用各种方式（参考其他记忆方法原则），主动赋予你要学习的知识以意义。

第七章 乐在其中:学生的学习压力应对

　　我在参加高考时没发挥出正常水平,所以我后来上大学后很努力,想着无论如何也要考上研究生。但是,不管我怎样努力,也不管我自己模拟考试的成绩有多好,一想到最后要参加正式的研究生入学考试,我就觉得自己肯定考不好。我哥哥和我正好相反。他在高考前的模拟考试中都只拿到了考上二本的成绩,最后却顺利考上了一所重点大学。哥哥一直坚持长跑运动,他这样说道:"我把高考当作一场马拉松比赛,这场比赛能检验我三年间流血流汗练习长跑的成果,这样一想我就特别期待考试的日子能快点儿到来。我就是抱着参加马拉松比赛的心情去考试的,最后甚至能在考场上想起很多知识点。"

——一封学生的信

　　以上例子说明了同样的压力情景,不同的人却有不同的认知,从而出现不同的结果。在本章中,我们会为学生呈现面对学习压力和挫折时怎样去有效学习。面对考试恐惧症,研究表明最重要的是改变学生的非理性信念,在这一章内容中人们慢慢学会怎样去面对这些学业压力吧!本章首先要了解生理压力和心理压力的一些表现,学习内部压力和外部压力的区别,以及一些常见的压力来源,由此知道自己产生压力的原因,以及了解压力背后的生理机制更好地认识到压力有时不一定是坏事。

第一节 学习压力概述

一、产生学习压力的生理机制

　　当人们感受到压力的时候,大脑的下丘脑会分泌激素到脑垂体,脑垂体兴奋起来之后又再分泌激素到肾上腺,让肾上腺分泌肾上腺素、去甲肾上腺素和肾上腺皮质激素,其中肾上腺皮质激素是起到长期慢性效果的,也就是人们俗称的"可的松"(也称皮质类固醇)。这个下丘脑-垂体-肾上腺轴负责对压力和危险作出快速反应,在压力过去之后就会迅速关闭。在面对环境威胁的时候,灵长类的身体会大量分泌可的松,其中有一部分可的松会穿过血脑屏障进入大脑。人们所有的大脑细胞都有这种激素的受体,于是大脑的每一个地方或多或少都会对压力作出反应。人类大脑中有两类可的松受体,其中一类和可的松的亲和程度是另外一类的 6~10 倍,前者只需要接收非常少量的可的松就会被激活。大脑当中负责记忆的海马区和情绪中心——杏仁核就具有很多这种高亲和程度的受体,只要可的松含量略微上升,海马区和杏仁核就会被激活。因此成年人的记忆形成和回忆都会受到可的松,也就是外界压力的影响。另一方面,大脑的前额叶只分布着低亲和度的可的松受体,只有当可的松水平进一步上升之后,大脑负责计划和执行的前额叶才会被激活。就是因为可的松两类受体的这个分布特性,在大脑中,压力荷尔蒙和记忆的关系是倒 U 形的关系———一定程度的压力对人们的大脑是有好处的,可以促进记忆力,但是过度的压力就会损害记忆力。人们大脑当中存在两种不同亲和度的可的松受体,这意味着大脑对于压力的反应是非线性的。一开始随着压力的上升,当可的松只激活那些高亲和力可的松受体时,压力荷尔蒙的分泌是对记忆有好处的,这个时候,大脑当中记忆的储存和提取功能都会增强。但是随着压力的进一步提高,大脑前额叶当中的低亲和度受体也开始被激活,这个时候压力荷尔蒙和记忆的关系就进入了倒 U 形的另一端——随着体验到的压力进一步上升,你的记忆力会开始下降。

不知道你是否有过类似这样的经历? 花了几个星期的时间准备一场非常重要的考试。进入考场后,你万分着急地等待着监考官发试卷。拿到试卷后,你立刻努力作答。但是,遇到某道简答题的时候,如"什么是耶克斯-多德森定律?"你明明感觉已经复习过,但就是想不起来。这是压力过大导致的。压力与记忆力之间存在千丝万缕的联系。

人们先来回顾一下记忆形成的过程。生活中所遇所见会经过三个重要步骤才能形成你的记忆。第一步为信息获取,即获得新的信息。当遇到一条信息,每种感官体验都会激活大脑特定区域。第二步为信息强化。为了形成长时记忆,这些感官体验都需要经过海马区进行巩固,并且受到杏仁核的影响,杏仁核能够进一步强化带有强烈情感的经验。第三步为信息强化后的编码。海马区可能通过加强最初的感官体验发生时建立的突触连接来进行记忆的编码。输入的信息便能在之后被记住或随后进行提取。就如前文提及的,不同类型的记忆存储在不同脑区。目前认为,负责"发布"提取记忆信号的脑区可能是前额叶。

在记忆形成的前两个阶段,适度的压力实际上可以帮助感官体验进入记忆。你的大脑会对压力刺激作出反应,释放可的松,这会激活杏仁核对威胁的感知和反应的加工过程,进一步促进海马区对压力引发的情景记忆进行巩固。与此同时,压力诱发了可的松的大量分泌,进一步刺激了海马区,也有助于记忆的巩固。因此,适度的压力是有益处的。

但是压力过大反而适得其反。有研究者向老鼠直接注射压力激素来进行压力对记忆影响的研究。研究发现,随着可的松的剂量不断增加,老鼠在记忆方面的表现先增高,之后便随剂量继续增加而记忆表现下降。对于人类而言,适度的压力起到了相似的积极作用。但是,这仅体现在与记忆相关的压力上,因此,日常紧迫的任务时间压力虽然能帮你提高记忆表现,但来自其他方面的压力(比如突如其来的惊吓)则没有这种效果。慢性压力会带来长达数周、数月甚至数年的可的松的持续分泌,会对海马区造成伤害,并且削弱形成新记忆的能力。

慢性压力是对长时间遭受的情绪压力的反应,在该过程中,一个人可能感到无法重新控制自己的生活。例如,有些孩子的成绩不是很好,但是家长为了给孩子提供一个更好的学习平台,就想办法送孩子去相对好一点的学校。孩子很可能长期处于高压力的状态,而这种压力是孩子自身很难控制的,长期持续下去,如果得不到很好的缓解,孩子很可能会产生自卑的心理。甚至有些孩子会变得不爱与人交际,性格也可能会因此发生变化。记忆行为依赖前额叶进行提取,但是它也同时控制着思考能力、注意力和推理能力。当可的松刺激杏仁核,杏仁核会抑制或减少前额叶的活动。这是进化的自然选择:在危险环境下,逃跑/战斗的应激反应压制了需要推理的慢思维过程。但这也带来了不好的影响,它会让你的大脑在考试时一片空白。而尝试回忆会进一步产生压力,从而导致分泌更多可的松,形成恶性循环,让想起答案的概率变得更小。

当你感到压力时,你的身体会给你传递信号。也许你有过本节中描述的一些身体表现,但却找不到原因,很有可能就是压力导致的。每个人或多或少都会感受到压力,压力的表现有很多种,如果你经常留意自己的身体表现,就能对压力进行及时处理。下面是人们感受到压力时的一些常见表现:

- 心跳加快
- 恶心想吐
- 头痛

- 体温变化快,感到冷或热
- 身体颤抖
- 无法集中注意力
- 手心出汗
- 咬指甲等紧张习惯
- 睡眠时间比平时更多或更少
- 饮食比平时更多或更少
- 呼吸急促

这些身体表现都是压力造成的。然而,有时候虽然压力对人们的生命不会造成威胁,但是人们的身体还是会自动地跟压力进行对抗。"我简直要崩溃了,明明很疲倦,却翻来覆去睡不着,而且心跳得特别厉害,感觉心脏快要跳出来了。第二天妈妈带我去医院检查,发现心脏没事。后来才明白,其实是身体在跟我说话! 它是想让我知道,期末考试带给我的压力实在是太大了。"像这位同学一样,有这些身体反应是由于考试带给他的压力。

有压力时,你会有哪些情绪表现? 当你烦恼和紧张时,是否会有以下这些情绪表现:

- 大哭或想大喊大叫
- 容易生气
- 容易跟他人起冲突(甚至是家人和朋友)
- 容易冲动
- 对很多事情都无精打采(即使是你感兴趣的事情)
- 很难集中注意力
- 不想写作业
- 更喜欢独处

你会感受到自己的情绪一直在变化,可能会变得比以前更敏感,情绪更加多变。有时,当你有烦恼时,需要找他人倾诉。那么,你会找谁倾诉? 仔细想一想,其实你会发现可以寻求很多人的帮助,比如爸爸妈妈,或者朋友、老师,甚至是心理医生。在遇到烦恼时,你可以找他们倾诉。

二、学生的压力

1. 外部压力

有时候,学生会认为,如果没人给自己施加压力,生活一定会更加美好。你是否会想:"要是老师不逼着人们写作业和考试,爸爸和妈妈不吵架,朋友不会和我闹别扭,生活一定是没有压力的。"

这里列举的情况就是"外部压力"。外部压力通常是指你所处的周围环境(如家庭、学校、社会)让你感到焦虑、烦恼的情形。例如,你的爸爸妈妈要求你每科都要得90多分,甚至是满分,或者你听不懂老师上课讲的内容,又或者你最好的朋友突然不理你了……这些都会让你感受到压力。这些情况都是外部压力,即你生活中的人或事给你造成的压力,而不是因为你的内心想法而引起的压力。

外部压力通常是由很多因素引起的。下面是一些常见的引起外部压力的因素:

(1)学业因素

引起学业压力的原因有:作业多或不会写,课本知识内容学不会,学习起来特别费劲,学习时间不够,学习环境吵闹等。对于学习时间不够,很多学生深有感触,每天要做的作业很多,白天要上课,就只有晚上不多的时间来写作业。又或者老师会要求你做一个长期作业但时间却不够,这都会产生时间上的压力。

(2)社交因素

社交焦虑也会影响孩子的学习积极性。社交因素主要包括:你的朋友之间吵闹,却要你选择立场;朋友和你有矛盾,不理你;有人嘲笑你或欺负你。

(3)家庭因素

家庭因素也会产生压力,比如,你可能会跟父母或兄弟姐妹发生争吵;父母吵架;家里有人生病,或者病重。家庭压力会影响你在学校的注意力,从而没有精力去学习和完成作业。

(4)经济因素

如果你需要学习工具来完成作业,但是你的父母没有能力给你买,你会怎么样呢? 如果你想画画却没有画画工具,如彩色画笔这些,你又会怎么样呢? 有些东西你确实需要,但是又没有经济条件购买,这会给你带来压力。有时候,即使你知道一些东西并不是你真正需要的,比如游戏机,可是当你没钱购买它时,你还是会感到压力。

(5)其他因素

每个人对同一件事情的感觉不一样,让你感到有压力的事情,别人却不一定觉得它是压力。例如让你产生焦虑和压力的考试,你的朋友却很喜欢,并且认为考试可以检验自己的学习效果。对一件事情的感觉没有好坏之分。如果你对一件事情感觉有压力,就要想办法去解决,而不是逃避,否认压力的存在。

2. 内部压力

"内部压力"之所以这样命名,是因为压力来自你的内心,与你自己的想法和感觉有关。与外部压力不一样的是,内部压力在很大程度上是人们能够控制的。例如,你要在语文课上大声背诵,虽然你认真背了好久,但还是会担心在课堂背诵的时候忘了。这些焦虑可能会让有些人更加好好地准备,或者找一些方法来放松自己,却让另一些人更加紧张反而背不出来。因此,同样的事情会让人更加积极,也会让人紧张、焦虑,这取决于你自己的想法和感觉。

完美主义、消极暗示(自我否定)和拖延是常见的三种"思维陷阱"。不仅仅是学生会产生这些"思维陷阱",很多成年人也同样面临着这些问题。下面一起来认识一下这几种思维方式,看看你是否也是这样的呢?

(1) 完美主义

完美主义是指一个人过于追求完美,并用不切实际的标准来严格要求自己。完美主义会给人们带来沉重的压力和负担,让人们不敢去尝试新事物,减少人们享受生活的乐趣。如果你尝试做一件事情却没有做好,你感受如何? 又或者,当你第一次没有把事情做得很好,或者觉得不完美,你是否会感到伤心难过? 如果你总想要自己是最好、最快、最聪明或者最有能力的,那么你就要注意,你可能有完美主义倾向。

很多学生都会有这个烦恼。小航说:"我总是想在考试中得90多分甚至是满分。有一次期中数学考试,我考了92分,但我却很难过,因为我还有8分没拿到。要求完美让我感到烦恼,因为越想完美,就越觉得很难实现完美。"

小芳想要画一幅完美的画,但却以不断撕掉很多张纸重画,最后没有画成而结束,这让她非常难过。虽然她已经画得很不错了,足以完成美术作业,但她还是不满意。从中可以看到,影响她的并不是外部压力,而是她对自己的要求太高了。他想交给老师一幅完美的作品,却因为害怕画作不够完美,而最终不能按时完成作业。

(2) 消极暗示

消极暗示也叫自我否定,是指自己用心理暗示打败自己,给自己造成负面压力。如果你认为自己不能做好某件事情,那么你就很难集中精力去做好。

你有没有过下面这些想法?

- "我觉得这次考试我会考不好。"
- "演讲时,我的大脑可能会一片空白。"

- "这么简单我都学不会，我真是太笨了。"
- "如果去做这件事，那我就太丢脸了。"
- "我的作文总是写不好。"
- "我不可能做好这件事情。"

上面这些想法会让你产生更多压力，也会打击你学习的积极性和自信心，使你在写作业、考试或做其他事情时难以集中精力。

你对事情的一些消极想法，也会产生压力。比如下面的例子：

- "老师要求太严了，还讨厌我。"
- "写作业的时间不够。"
- "因为家里来客人了，我没有安静的环境学习。"
- "我会落选，我练习的时间不够。"
- "我朋友的数学总是比我厉害。"

（3）拖延

拖延是指你将需要完成的事情往后推，甚至拖到临近截止日期才做。拖延的原因有很多，比如：

- 想先做其他事情；
- 逃避这件事情带来的焦虑；
- 装作没有任务，因为任务看上去很难；
- 时间不够；
- 做这件事情缺乏动力。

有时，大人会认为你是因为不重视这件事而故意拖延。事实上，有时候的确如此，但有时候并不是。比如，今天或者下周都可以去打针，面对选择，有的孩子就想着早点去，有的孩子不想现在有压力，就想推迟到下周再去。拖延并不意味着你懒惰，它只能说明你做事情需要一些更好的方法，或者你需要别人帮助你应对学习压力。

三、压力的积极作用

人们常常觉得有压力不好，其实，存在压力也不一定是坏事。有时候，压力能够帮助你更加集中精力地学习、写作业或者做其他事情。所以，问题不在于你是否有压力，而在于你的压力有多大。下面看看以下几位同学的情况：

小明说："我上六年级时，朋友们都羡慕我遇到任何事情都很冷静，几乎不会感到压力。我只是认为，等问题出现时，再去解决就行。这种想法最终产生了一个大问题:除非到最后一分钟,我从来不主动去学习,也不去写作业。"显然,小明的压力比较小,这造成了学习积极性比较低。

小哲说:"当老师说出下周要考试时,我就开始焦虑了。当我准备复习时,我会每天晚上都想着这件事。我实在太焦虑了,以至于不知道该如何开始复习。我把时间都浪费在焦虑和害怕考试考不好上。"显然,小哲与小明的压力大小正好相反,一个低,一个高。

小芳说:"当我做一件事情时,我会想把它做好,虽然我可能需要寻求他人的帮助;当我有压力时,我会更加努力,但是我并不担心,因为我相信我能够做好。"

小芳将自己的压力控制在平均水平,不高也不低。小芳的压力可以被理解成是"积极压力",又叫"良性压力",之所以说是积极压力,是因为这种压力能激励她去把事情尽量做好。

那么你怎样才能知道自己正在承受的压力是不是积极压力呢? 关键就在于,它是激励你,还是阻碍你。小哲太紧张以至于不知道该如何开始复习考试;而小芳的压力,却能成为她努力学习的动力。所以,积极压力往往会激励你去勇敢面对挑战。无论是你给自己施加的内部压力,还是别人给你施加的外部压力,只要是能够让你更加积极向上,那么即使面对生活中的各种挑战,你也会觉得很有趣。

现在,你是不是想让自己的所有压力都变成积极压力呢? 下面学习一些应对压力的方法,把压力变成动力吧!

第二节　克服学习压力的方法

一、克服内部压力的方法

即使你无法改变周围的压力,你也能够通过改变自己的思维方式来缓解压力。

1. 练习积极暗示

人们经常会在内心暗示自己,这些暗示会影响人们的感觉。人们可以用消极暗示让自己的压力更大,也可以用积极暗示让自己有安全感,更加积极向上。

如果你习惯了使用消极暗示,在刚开始使用积极暗示时可能会很不习惯,即使积极暗示会让你更加轻松,你还是会觉得原来的方法更舒服。

下面是一些将消极暗示转变成积极暗示的方法:

· 将"我觉得我不会"转变成"我认为我能行";

· 将"别人可能嘲笑我"转变成"一开始,我可能不会做好所有事情,也许还会犯一些错误,这是很正常的";

· 将"我必须一次就成功"转变成"只要能进选拔赛,我就很高兴了";

· 将"我不会做这个作业,它太难了"转变成"我要开始做这个作业,即使它很难,我也可以向他人求助";

· 将"如果别人帮助我,那我就失败了"转变成"每个人都有需要帮助的时候"。

这些积极暗示是不是比消极暗示更有用?熟练掌握它们可能需要一些时间,但只要你敢于尝试,很快就会自然而然地运用这些积极想法。现在你可以把自己常会出现的消极想法替换成积极想法。

2. 改变非理性观念

非理性观念是指那些你认为正确,实际上却错误的想法。很多学生对学校都有非理性观念。小慧说:"我考试必须得拿到 100 分,否则,老师就会不喜欢我,我也会觉得自己很笨。"甚至在六年级时,还坚信自己成绩必须在 90 分以上,否则就考不上好大学。你同意这样的想法吗?

学校是学习知识的地方,而不是追求完美的地方。投篮高手都不能保证每次都能够投中,即使他们这次投中了,也不能保证下次也能。几乎没有人能够在所有事情上都做得完美,自己努力了就好。

下面是一些对你有帮助的提示:

· 提醒自己,努力就是胜利;

· 扬长避短,改进自己的不足之处;

· 对自己好点儿,别人学习成绩好,或者性格特别开朗,这并不代表你自己不行;

· 鼓励自己,相信自己的能力。

小吉是一个完美主义者,也知道这一点,但不知道该怎么办。他非常喜欢篮球,也比其他队员的三分球命中率都高。他虽然已经很努力地练习投球,但在比赛前还是非常紧张,因为每次他站在赛场上时,就会特别紧张,内心压力特别大,他觉得如果自己没有别的队友打得好,他的名声就彻底毁了。内心的压力让他感受不到打球的乐趣。你想对他说些什么来帮助他克服完美主义呢？看看下面一些帮助他的建议：

- 告诉他如果不能享受比赛，即使做最好的三分球投手也没有意义；
- 建议他设定切实可行的投球率，即使投不中也没关系，因为投球高手也有失败的时候；
- 告诉他即使投不中，别人也喜欢和他玩，所以不要因为失误而否定自己；
- 告诉他只要尽自己最大努力就好，别要求自己永远最好。

有时候帮助别人容易，帮助自己克服完美主义就有点难。所以，如果你是一位完美主义者，你也可以用上面帮助小吉的建议帮助你自己。

3. 建立自信

自信的人更愿意去尝试新鲜事物，也会更积极努力地做事情。建立自信需要你了解和认识到自己的优点，并且时刻提醒自己有这些优点，来对抗消极的心理暗示，建立积极的心理暗示。当你认识到自己有消极的心理暗示时，可以思考你的优点，提醒自己是可以的，尝试积极的心理暗示。积极的心理暗示不仅能够缓解你的内部压力，而且可以让你的学业完成得很顺利。如果你经常认为自己做不好，你可以向别人寻求帮助，让别人帮你思考原因，确定努力的方向，以及帮你找到自己的优点，建立自信。每个人都有自己的优点，你需要去认识到自己的优势和长处。

如果你觉得把自己的想法写下来对你更有帮助，那么你可以通过把自己的优点以及不必表现完美的理由都写在本子上，在本子里将消极想法转变成积极想法。

如果你喜欢艺术，你也可以通过画画来建立自信，创作一幅积极暗示大战消极暗示的漫画，这也是一件好玩的事情。

4. 想象成功

如果想象成功，你就可能会成功；如果总想象失败，你就很难成功。

当然，空想并不会获得成功。比如，你想象着自己第一次学习英语，听到老师用英语跟你说话，然后你用流利的英语回答，这并不意味着你马上就能学会英语。如果你的目标是说一口流利的英语，那么就要在每一个小目标上想象成功，好让自己在这门新语言的词汇、发音和语法方面学得越来越好。

在学习上，把精力集中在学习的每一个小目标上，要比把精力分散在整个学期的所有事情上更有帮助。所以，如果你设定了切实可行的目标，想象在每一个小目标上的成功，会激励自己去勇敢挑战，最后一步步实现目标。

设定切实可行的目标，比如可以在几天或几周里就能够实现的目标，以保证自己能够成功。例如，你想学会做蛋糕，那么你的目标第一步就是学会用称量工具；第二步是准备好所有材料。如果你第一次进厨房，就想成为一名顶级的蛋糕师，那么你只会遇到挫折，最后失望放弃。所以，设定切实可行的目标很重要。请花点儿时间设计一下自己的小目标，以保证自己能够成功做好每一步，实现自己的目标。

5. 向他人寻求帮助

向他人寻求帮助并不是你的不足之处。相反，你身边有可以帮助你的人是非常幸运的。医生有时也需要护士的帮忙，理发师能帮家电维修工人修剪头发，而家电维修工人能帮助理发师修理电器。知道向谁求助，并且能够找到他们，是一个人聪明灵活且积极主动的标志。

二、克服外部压力的方法

1. 找出外部压力来源

有时候，压力不是源于你的想法或者感觉，而是来自周围环境的生活压力，例如家庭、学校和社会等。不过这些外部压力大多无法改变，例，你爸爸妈妈刚好下周工作不忙可以带你去动物园玩，但是你下周又恰好要考试，你无法改变考试的时间，只能在家复习功课，准备考试，动物园之旅只好作罢。不过，别担心，下面会有一些应对这类压力的方法。

有时候，人们感到压力，却找不出原因。比如，小琪最近就有很多压力。小琪说："昨晚我的弟弟妹妹们在客厅玩耍，吵得我写不了作业，只能调了早起的闹钟第二天早起补作业。第二天早上闹钟响了后，我还是很困，想多睡会，但是又不得已还是得起来补作业。但是因为补作业没有来得及吃早餐就匆忙赶去学校。虽然我已经很着急地赶到学校，但还是迟到了，被老师批评了。在数学课上，我发现自己忘带数学课本了，一整节数学课都只能在那里干巴巴地坐着。下课时我的好朋友告诉我她要转学了，我听了大脑一片空白。感觉今天太糟糕了，一整天都学不进去。"

让我们回顾一下，小琪这一天感受到的各种压力：

- 弟弟妹妹们昨晚吵得她学不进去；
- 熟睡中，被闹钟叫醒，但还是很困；

- 由于早起补作业而感到很困；

- 急匆匆赶到学校没来得及吃早餐；

- 匆匆忙忙赶到学校但还是迟到了，被老师批评了；

- 数学课上忘带数学课本了，无法集中精力听课；

- 听到好朋友要转学的消息；

- 因为睡眠不足和太多压力而感到精力不足。

你能找出这些压力吗？面对这些压力，小琪自然会感到精疲力竭。如果有一台时光穿梭机来回顾整个过程，小琪能够改变哪些事情呢？她不能让弟弟妹妹们不吵闹，因为他们还小，不过她可以用听音乐或其他方式分散注意力，让自己专心写作业，还可以将闹钟声音换成轻柔的铃声；她早起补作业时可以边吃早餐边写作业；她没法改变学校的上课时间，但她可以把写不完的作业带到学校再补一点，早点出门，这样就能按时赶到学校；她没法决定今天上什么课程，但她可以在出门前再检查一下自己是否带够了今天所要上课的所有课本和学习用具。她不能让朋友不转学，不过她可以先专心听课，放学后再想这件事情。这些都是个人可以选择的。

如果你总是为无法控制的事情而感到压力，也不要轻易放弃，你还可以控制自己的想法和选择。接下来，人们会讲到一些应对外部压力的方法。

2. 应对外部压力的六步法

（1）第一步：做"压力侦探"

在处理压力之前，你要像侦探那样去寻找压力来源，就像刚才分析小琪的情况一样，不过有时候要找到压力产生的原因很难。学校的作业和考试有没有让你感到烦恼？其实，这种感觉可能并不是因为作业和考试。如果你平时都能处理好作业和考试的压力，可这次却感到压力比之前大，那一定是有原因的。比如，昨天的篮球比赛输了，或者上周的小测试你做错了一道简单的题目，又或者你上一次考试考得很糟糕，这些都影响了你的自信心；或许你最好的朋友今天生病没来上课；又或者你和朋友闹矛盾了。如果你确定压力源是学业，那就要采取相应的学习策略；如果压力源不是学业，你需要找到让你冲动、烦恼和有压力的原因。

让人们看看小琪是如何确定压力源的。首先，她跟妈妈讲述了自己早晨的糟糕经历，而且她能够指出所有的压力。跟妈妈说完后，她意识到只有一件事情与往常不一样：朋友要转学了。小琪发现这件事才是让她感到很大压力的原因。你是否跟小琪一样，有过压力很大的一天？你可以像侦探一样思考问题，哪些事情让你感到压力很大？不过要注意这里指的压力是外部压力，而不是你内心的想法。

（2）第二步：制定切实可行的目标

如果你确定了产生压力的原因，接下来，你就要制定目标以及思考如何实现目标。制定目标要注意以下几个方面。

① 目标要切实可行。提前考虑一下，你设定的目标可行性高吗？制定目标时，要确保自己有能力实现。比如，小琪在制定目标时，她首先想到的是"我不想让朋友离开我"。然后，她意识到不能让朋友不转学，于是，她把精力放在更加切实可行的目标上：想一些朋友转学后也能与她保持联系的方法。上述这个目标是小琪能够实现的。

② 改变看问题的角度。有时候，有些事情你无法改变，就像小琪不能让朋友不转学一样；有时候，即使你的压力很大，你也不想改变，比如，你会为加入重点班而兴奋，虽然你知道这将会给你带来更多的作业和压力。当你改变看问题的角度后，你其实正在改变自己关注的问题和想法。小琪用了这个方法后，她不再希望朋友不转学，她决定想一些方法与好朋友保持联系。小琪不再关注去改变好朋友转学的事实，她意识到既然事情无法改变，那么可以改变其他东西让它变得没那么糟糕。改变角度不仅减轻了她的压力，还让她把更多的精力放在学习上。

现在，你可以制定你的目标，以及思考如何积极地看问题，从而实现目标。

③ 能够在比较短的时间内（例如几天、几周或几个月内）而不是较长的时间内（例如明年或者几年内）实现自己的目标。有时，有些目标很美好，但却需要一年甚至更长的时间才能实现。如果你现在只有 13 岁，却想将来成为一名医生，你可以记住自己的梦想，不过，你要把精力放在当前切实可行的目标上，比如，现在养成努力学习的习惯，对你将来成为医生就非常有帮助。

④ 为实现目标而高兴。如果你实现了目标，你真的会高兴吗？很多学生都希望能够加入学校的社团，可是加入社团可能意味着没有太多的时间用于学习。所以，实现加入社团这个目标，可能并不会让他们真正感到快乐。

也许你认为在短期内持续努力实现这个目标很值得，也许你认为自己的目标不能总是学习，也要安排时间做一些其他事情，如果你这么想，后面将会讲到学会如何管理自己的时间。

你是否会选择互相矛盾的目标？比如，你既想好好学习，又想参加活动，可是你的时间有限，这些活动无法全部参加，你能设立首要目标或者接下来几天或几周的目标吗？先考虑清楚再去做是非常重要的。

回到小琪的事情,那天,虽然她很想每时每刻都跟朋友待在一起,但是她的首要目标是学习当天的课程。于是,小琪告诉朋友,她要先控制自己难过的情绪,集中精力好好上课,直到放学。她们约好一起吃午饭,那时可以一起聊聊在转学后如何继续保持联系。

(3)第三步:想出尽可能多的方法

制定目标后,接下来要想办法实现它,以及这些方法可能会产生的积极或者消极的结果。你可以将目标写在一张纸上,把能够实现目标的方法罗列出来,接下来写下每种方法的利和弊。然后,继续思考另一种实现目标的方法。如果你把这些方法都分析完,你就很容易能看出哪一种方法利多弊少,更适合你。

小力刚刚加入学校社团,想尽快拉近与社团老成员的关系。他计划跟老成员们一起吃午饭,于是,他在纸上写下了一个积极结果——午饭时间适合与老成员交流;他还写了几个消极结果,比如他的午饭时间跟别人不一样,如果他想和别人一起吃午饭,他就得提前下课。分析完这些结果后,因为消极结果很严重,他放弃了提前下课的想法。他决定在课余时间遇到他们时再跟他们聊聊天,熟悉彼此。同时,他也决定要向别人请教处理一些社团事务的方法,积极去做社团的相关事务,这些对于他来说,都能产生很好的结果。

小琪也要为实现自己的目标——与朋友保持联系,想出尽可能多的办法。你也可以像小琪这么做,将自己的目标以及能够想到的方法写出来,然后分析一下每一种方法的利弊。让人们来看看小琪实现目标的方法,如表7-1所示。

表7-1 目标方案利弊分析表

目标	方案	利	弊
与朋友保持联系	方案1:每天晚上用 QQ、微信或者电话聊天	① 有充足时间和朋友联系 ② 及时了解对方的生活情况	① 可能没时间写作业了 ② 空闲时间可能不同 ③ 可能为了每晚的聊天,做不了其他事情 ④ 可能会偶尔错过一个电话
	方案2:每周通电话	① 仍然可以保持联系 ② 及时了解对方的生活情况 ③ 不需要每晚为了聊天放弃写作业或做其他事情	可能会偶尔错过一个电话

（4）第四步：选好办法，制订计划

从自己罗列的方法清单中选择出最优办法。

（5）第五步：想好如何执行计划

如果你已经制订好计划，接下来就要考虑执行计划的时间和方法。比如，小琪的目标是和朋友保持联系，她们一起商量后决定每周打一个电话来保持联系。

（6）第六步：总结成功经验

在你开始执行计划后，请及时检查你的进展是否顺利，有没有出现问题。如果顺利，继续执行；如果出现问题，请及时解决问题，或从你的方法清单中选择其他方法，以保证自己的目标能够顺利实现。

小琪后来遇到了一个问题：因为家庭或学校的原因，她和朋友有时不能坚持每周都通电话，不过她们决定，如果其中一个人没有接到电话，她们会给对方在 QQ、微信上留言或发电子邮件和短信，在本周内重新约定时间。小琪把这个办法补充进计划清单里，她感到自己成功实现了目标。

如果你在实现目标的过程中也遇到了问题，请积极努力地找到解决问题的办法，让自己的目标能够顺利实现。

三、压力下身体状态的调整

大脑和身体密不可分，所以，照顾好自己的身体非常重要。当你的身体处于疲倦或饥饿状态，你会发现自己学习的时候难以集中注意力；如果你刚打完球回到家，那么在开始专注学习前，就必须先让身体平静下来。人们可以通过健康的饮食、良好的睡眠和定期的运动来训练身体，以最好的状态迎接学业的挑战。

1. 健康的饮食

就像汽车没有汽油不会动，人们的身体也要依靠食物作为燃料来运转。如果你的饮食种类丰富，用餐时间规律，你就会发现自己学习的时候更专注，精力也更充沛。

即使你事情繁多，你也会找到健康饮食的方法。比如即使你很忙，也可以前一天晚上提前做好第二天的早饭，这样就可以享受一份健康的早餐；如果你需要课后辅导，你也可以在跟老师谈话时，问一下能否吃个包子或其他食物。只要你想，健康饮食一点儿也不难。

2. 良好的睡眠

也许你会发现,青少年时期睡眠时间变少了,然而睡眠是一个很好的学习工具。当你睡觉时,大脑就会借此机会充电和休息。如果你有睡眠问题,试着找一下原因。如果是因为你整夜都在跟朋友发短信而没有充足的睡眠时间,你就要试着去解决这个问题。你可以和朋友约定到什么时间就不再发短信了,或者采取其他更好的方法。试着每天晚上在同一时间上床休息。在关灯前半小时,可以做一些自我放松的睡前准备活动。你可以试一试读书、听轻音乐或者写日记等方法来帮助自己尽快进入睡眠状态。

3. 定期运动

运动一直是保持身体健康的重要方式。你需要找到适合自己的运动时间和方式。有的孩子在学习后已经非常疲倦,不想再运动了;而有的孩子因为太疲倦而无法学习,需要靠运动消除疲倦。不过,要注意,睡前不要运动。

很多人发现运动能使人放松。运动的方式有很多,可以参加团体运动,也可以进行个人运动如跑步和打球等。即使你散散步,也是有益健康的。

4. 学会放松

放松的方法有许多种,你可以从下面几种放松法中,挑选适合你自己的方法。

(1)"五感"放松法

你可以调动所有或者部分感官来想象一幅画面,帮助自己放松。比如,想象一幅画面:你正躺在一片辽阔无际的草地上,看着蓝蓝的天空和雪白的云朵,听着牛羊吃草的声音,你能感觉到微风轻拂,鼻间充满着大自然的气息。

这幅想象画面运用了四种感觉——视觉、听觉、触觉、嗅觉。有些孩子确实能够想象出一幅这样的画面,并且让自己平静下来。你呢?

下面是一些想象的例子,现在也调动你的感觉,看看能不能对你有帮助:

- 拥抱你最爱的爷爷奶奶,你能闻到他们衣服上残留的洗衣液的味道;
- 抱着你最喜欢的宠物;
- 美好的天气,在沙滩上晒太阳。

想象是无限的。你可以自由发挥,想象一切能让你放松的画面。一旦你善于发挥想象,你就能很快地在脑海中呈现出你最喜欢的放松画面。

如果你很幸运,你也可以在现实的情境中放松自己。例如:

- 经常跟着爸爸妈妈去野餐;

- 和自己的狗坐在公园里,看着随风摇摆的树木;

- 放学后,躺在床上,边听音乐边轻轻地抚摸小猫咪。

（2）呼吸放松法

当你有压力时,你的呼吸也会发生改变。有的孩子呼吸变浅,有的孩子则呼吸变得急促。改变呼吸方式能够帮助缓解压力,但是不能帮助你逃避要做的事情。

下面这些呼吸方法能够帮助你平静下来,比如:

① 深吸一口气;

② 把注意力集中在呼吸上;

③ 屏住呼吸三秒钟;

④ 慢慢用嘴呼气;

⑤ 重复以上步骤三次。

你的内心是否平静了一些？如果是的话,那么,呼吸法对你是有效的放松方法。如果你发现自己因为太放松而无法集中精力,你可以尝试其他方法。

（3）渐进式肌肉放松法

你还可以利用身体的紧张或压力来帮助自己放松。在用这种方法时,呼吸保持正常就行。

渐进式肌肉放松法分为以下三个步骤:

① 收紧身体,让肌肉紧张起来,先从额头开始;

② 保持三秒钟;

③ 在深呼气的同时彻底放松。

从头顶到脚趾,依次收紧身体并集中注意力于每一个部位。从前额开始,然后是眼睛、鼻子、脸颊、下巴、脖子,等等。做完一遍后,你所有的身体部位都会得到放松。

（4）摆动放松法

摆动放松法操作起来很简单,你只需要轻轻地移动或者摇晃身体的某一部位,然后将注意力集中到该部位。这个方法的关键在于让肌肉群轻缓地动起来,不要猛烈地摆动身体。这种方法适合处理肌肉的痉挛,对缓解压力和紧张也非常有用。

（5）倒数放松法

倒数放松法是将你的注意力从压力想法中转移出来。比如,你可以试着慢慢地从 10 倒数到 1,或者从 20 开始倒数,连续数 3 遍。一旦开始后,你会发现,倒数能让你转移注意力,从内部压力中获得短暂的休息。如果你喜欢数字,可以尝试从 100 或 200 开始倒数,连续数 6 遍。不过要知道这不是比赛,所以请慢慢来。

如果你发现倒数让自己有压力,那么这种方法可能就不适合你。

(6)冥想放松法

熟练掌握上面描述的放松方法后,你可以综合地运用它们。这种综合方法运用起来并不需要太多的时间。例如,你在想象一个非常舒服的情境时,也可以进行深呼吸。有时,这种综合方法就是"冥想"。

冥想包含多种放松方法,例如不断重复一个词语(比如冷静),理清思路,或者仅仅专注于自己呼吸的声音。可以试着想出一种自己喜欢的综合方法,然后尝试一下!

第三节 有条理性地学习

条理性和计划性是两项很重要的能力,能帮助你更加专注且顺利地完成作业。现在,开始学习如何培养条理性和计划性,比如:如何整理和归纳笔记本和学习资料;放学后,如何带齐学习要用的资料;如何选择适合自己的学习时间和学习地点。如果你学会有条理和有计划地学习,你就能更好地完成作业,获得更好的成绩。

一、有序归纳笔记本和学习资料

事实证明,有条理地学习会帮你减轻学习压力。如果你知道学习资料存放的具体位置,就可以不用花时间去找,你就能马上开始学习,尽快完成作业。所以,请努力养成有条理的习惯。从上学第一天开始,你可能会逐渐积累一大堆作业、课堂笔记和试卷。将这些学习资料收纳在相应课程的文件夹里很有必要。可是,如果语文老师、数学老师、英语老师等都给你发了很多学习资料,你要如何整理呢?是将它们和试卷放在同一个文件夹里,还是把所有的学习资料放在背包里或者抽屉里?

事实上,有很多整理学习资料的方法。如果你还不知道如何整理学习资料,下面四种方法可能对你有帮助,你可以从中选择一个适合你的方法。

(1)方法一:为每门功课准备一个专属的笔记本和文件夹。

比如,把语文课的学习资料都放在语文的文件夹和笔记本里。英语课和数学课也一样,都有单独的文件夹和笔记本。这样归纳就可以单独整理每门功课的资料,不会与其他科目的资料混淆。

你还可以在此基础上为每门功课标上不同的颜色。如果文件夹和笔记本以不同颜色呈现,你整理和使用起来也会更方便。比如,你将蓝色作为数学课的颜色,将该科目的所有试卷、作业和笔记本归纳在一个蓝色的文件夹里,同时,该科目的笔记本也用蓝色的。如果你没有蓝色的文件夹和笔记本,你也可以在文件夹的标签和笔记本的封面上画一个蓝色的标记。当你需要数学课的学习资料时,你只要找到有蓝色标记的文件夹和笔记本就可以了。这种方法很容易就能挑出自己需要的笔记本和文件夹。不过如果你使用了这个方法,你会发现需要带好几个文件夹和笔记本,这可能并不适合所有的学生。

（2）方法二:为所有作业和资料准备一个可折叠的文件夹和笔记本。

可折叠的文件夹一般都有不同的分区,如果你需要归纳更多的资料时,它们可以加宽,所以,你用这样的文件夹可以收纳所有的资料,你只需要在不同的分区贴上科目标签就能区分它们,比如,放数学资料的分区可以贴上"数学"标签。如此,你只需要一个文件夹就可以了。

这个笔记本可以按照不同的科目分成不同的部分,如此,你就能很快翻到对应的科目分区记录笔记,而且书包里只有一个笔记本,不用再为寻找不同科目对应的笔记本而烦恼。

有的学生很喜欢这个方法,这个方法能够很快找到所有的东西,而且只要保证带着这个笔记本和文件夹就行。有的学生却不喜欢这个方法,因为即使有不需要用到的东西,还是要把所有材料都一起带上,这样书包太重了。

（3）方法三:回家后分类整理笔记本和资料。

你需要准备一个活页笔记本和空白文件夹。每天上学,把笔记记录在活页笔记本上,将老师发的资料放进空白文件夹里。放学回家后,把记录的笔记本活页和资料取出来放进对应科目的笔记本和文件夹里。如果不想准备空白文件夹也没关系,你可以把学习资料暂时放在书包的某一固定位置,回家后再进行整理归纳。

这个方法需要占用业余时间,如果你业余时间很紧张,这个方法就不太适合。

（4）方法四:定时清理,有用的资料分类,不再用的丢掉。

虽然也要占用业余时间,但这个方法很简单:可以准备一个左右两边都能放资料的文件夹,将需要带回家整理的资料放在一边,不再用的放在另一边,并贴上相应的标签,如"保留""丢掉"。然后,在放学后或者周末,可以把所有"丢掉"的资料清理掉,把需要"保留"的资料整理到相应的文件夹里。你也可以不准备文件夹来暂时存放需要"保留"和"丢掉"的资料,只需把这两部分资料放在书包的两个不同的位置区分开来,等到放学回家后再拿出来归纳整理。

这个方法让你的书包里不再有没用的资料,让你的文件夹变得干净整齐。

二、整理归纳电脑文件

有时候写作业需要用到电脑,如果你把所有的电子文件都放在一个文件夹里,在需要的时候就很难找到。

你可以将文件夹用名称和日期来命名,比如"语文作业－9月25日""语文作业－10月8日"和"数学作业－1""数学作业－2"等,在这些文件夹的内部,再用具体作业名称命名文件,如"摘抄作文素材",这是非常实用的整理文件的方法。

三、带齐所有需要的学习资料

你可以按照下面的步骤来完成:

① 记下每门科目需要完成的作业;

② 知道完成作业需要用到的课本和学习资料;

③ 找到需要的课本和学习资料;

④ 把它们放进书包里。

以下介绍几种可以让学生更有条理性和计划性地进行学习的作业记录方法。

方法一:把所有要完成的作业记录在一个记事本上。

你只需要准备一个记事本来记录所有科目的作业,每天上学都带着它,放在随手就能拿到的地方,或者放在书包里的固定位置,以便随时能找到。放学前,你可以照着上面的作业记录,把你写作业需要用到的课本、资料和笔记本放进书包里。如果你喜欢用电子设备记事,你也可以把老师留的所有作业输入手机的记事本里,在放学时查看作业记录,把需要的相关学习资料带回家。

方法二:制作作业清单表,如表7-2所示。

在一张纸上画一个表格,有几门功课就画几列,将科目写在表格顶端,例如"语文、数学、英语、美术、音乐",然后多复印几张。每天上学时带一张空白的作业清单表去学校,在下课时把要完成的作业和要求记录在清单表上。比如,你在"英语"下面写上"准备听力考试",在"数学"下面写上"做数学练习题",在"语文"下面写上"就最近看过的一本书,写一篇读后感"。放学时,对照清单表整理书包,每找到一项作业所需的学习资料,可以在清单上做个标记,例如打个钩,表示你知道你要写哪些作业,而且在离开学校前,你已经把完成作业需要的所有东西都放进了书包里。

小芳就用了这个方法,他说:"这个方法真好,我不再需要爸爸妈妈开车送我去学校拿作业或课本了,而且,我再也没有漏过一项作业。"你也可以试试这个方法。

表 7-2　作业清单表

作业清单				
语文	数学	美术	音乐	英语
就最近看过的一本书,写一篇读后感	做数学练习题	画一幅画	学唱课本里的一首歌	准备听力考试

方法三:制作一个"需要做"和"已完成"的文件夹。

你可以用一个分区的文件夹,分别贴着"需要做"和"已完成"的标签。放学时,查看"需要做"的那些作业,带齐完成这些作业所需要的课本和学习资料。等把作业做完后,就把作业放到"已完成"的文件夹里。

四、放学前弄清楚老师布置的作业

如果你不清楚有哪些作业要写的话,就算带齐写作业需要的书本和学习资料也不一定能完成作业。

你可以试试下面的方法来弄清楚作业要写什么:

· 上课时,举手问老师,弄清楚作业写什么,这样班里其他同学也能够更清楚作业情况;

· 如果下课没时间问老师,问问老师可不可以在放学后再请教他;

· 可以问问班里的同学,他们可能会清楚作业情况。

第四节 提高学习的执行力

执行力可以帮助你更轻松地完成作业。执行力是指大脑帮你集中注意力完成任务的过程,它包括组织、计划、策略和短期记忆。这些能力都非常重要。运用执行力并且进行自我奖励,能够帮助你提高学习效率,减轻学习压力。提高执行力有五个步骤,分别为:开工、优先排序、时间管理、情绪控制和专注。

一、开工:克服拖延,顺利开始学习

开始往往是最难的一步。很多孩子开始写作业的时候都很痛苦,所以往往拖延到要交作业的前一天晚上才开始写,他们不知道该如何开始或者如何让自己有动力开始写作业。

开工是你写作业的第一步。开工需要你重新看一下老师布置的作业,好让自己知道先开始做哪一项作业。首先,要鼓励自己集中注意力开始写作业,这其实并不难。

接下来该如何开始呢? 在上一章,你已经选好了学习时间和地点,那么把书包带到那里,开始下面的步骤:

① 带齐写作业要用到的所有学习资料;
② 重新看一遍老师布置的作业,弄清楚作业要求;
③ 检查自己是否拿出了正确的课本和笔记本;
④ 准备好你所需要的铅笔、钢笔、尺子和橡皮等学习用具。

二、优先排序:合理安排写作业的顺序

优先排序是指确定好写作业的顺序。你要知道都有哪些作业,要什么时候开始做,如何做,然后确定好先做哪一项作业。看一下你的作业记录本,想一下你想如何完成你的作业。你可以将作业排序或者在作业记录本上标序号,这样你就知道按照什么顺序来写作业了。

次序没有对错,有的孩子喜欢先易后难,他们觉得写完一项少一项;有的孩子则喜欢先难后易,因为他们觉得自己刚开始写作业的时候精力充沛,且时间充裕,注意力比较集中;有的则会选择先做自己不喜欢的作业,这样就会想要尽快做完,做完后会感到很轻松。那么你呢?

你可以尝试不同的方法,从中找到适合自己的。你可以将对作业的感受作

为排序的依据;也可以按照作业上交的日期来排序,紧急作业先做。

如果你需要准备一个考试,复习内容很多,你该如何安排呢? 如果你要做一个需要花费几个小时甚至几天才能完成的大作业,你该怎么办? 这种情况下,你可以提前制订计划,将大作业分成小作业,按照优先排序的方法安排这些小作业。比如,假设在一周后有一次考试,考试范围是课本前四个单元的内容,你不需要整个周末都为这次考试复习,因为你还有平时的四个晚上也可以复习,每个晚上复习一个单元的内容,你就能完成这项作业。你只需要把"准备考试(复习一个单元)"加在每天的作业清单上。这个复习方法能帮助你减轻学习压力,还能帮你提前完成作业计划!

如果你的考试或者交大作业的时间是在几周后,你可以用一张月历表,把作业都记录在这张表格上。如果你有很多作业要写,你可能会很痛苦。现在人们学会了优先排序,可以把大作业分成小作业去做,集中精力先做好一部分,不用一下子全部做完,这样子很好地减轻了人们的学习压力。优先排序能够帮助你集中精力做近期重要的作业。不过,不太紧急的作业同样也要做好。

三、时间管理:控制好做每项作业的时间

时间管理是指你为每天要做的事情进行时间规划。每天要做的事情有很多:上学,写作业,或者踢足球,上音乐课,又或者跟朋友们一起玩、看电视、打游戏等。这些事情,你是如何安排的呢?

首先,你要想想做这些事情需要多长时间。比如,如果你不清楚做一张数学试卷或者读 10 页的课本要用多长时间,你可以自己计算一下,然后再将要做的事情合理安排进日程表里。

下面是一个分步骤的方法:

① 将放学后要做的事情列一个清单;

② 对这些事情进行优先排序;

③ 试着算出做每件事情需要的时间,如写作业、吃晚饭和洗漱各需要多长时间;

④ 从放学后到睡觉前,有多长时间可以做这些事情;

⑤ 如果想做的事情太多而时间不够,有没有一些事情可以更快做完? 比如,缩短跟朋友聊天的时间,或者把看电视的时间挪到周末,你可以灵活安排;

⑥ 将需要花较长时间才能做好的作业列出来,比如写一篇语文作文。将这些作业进行优先安排,然后找一个时间充足的晚上,集中精力做这些作业。

你要计算好写作业需要的时间,并且找时间来完成作业,目标是不仅要完成作业,还不要给自己太大的压力。如果要准备一场大的考试或者一篇作文,你可能就要安排更多的学习时间,减少其他活动的时间。

四、情绪控制:积极解决学习问题

控制自己的情绪并不是很容易的事情,它需要练习。有的人可能会因为作业太多而烦躁到想把作业撕掉。而这个步骤主要是让你能心平气和地写完作业。之前学习了关于放松的方法,在开始写作业之前,你可以复习一下它们。

如果你有一些数学作业不会做,你会怎么办呢?你是一筹莫展、大声尖叫,还是讨厌老师,或是骂自己呢?这些都不能解决问题。

控制好自己的情绪,是指你没有被情绪打败,还要慢慢培养自己处理问题的能力,比如相信自己能够完成有难度的作业。虽然下次你会在离校前向老师请教学习上的难题,不过,这次你该怎么办?

下面是一些提示:

- 仔细阅读老师发的资料上的作业要求;
- 看课本上是否有对特定词语的解释;
- 给老师或同学打电话询问;
- 给老师发邮件,寻求帮助;
- 先完成自己会做的作业,然后在课前跟老师沟通,告诉老师自己想完成作业但需要帮助。

吃好休息好时,你更容易控制好情绪。写作业的时候也要提醒自己:不要追求完美,你不可能所有的题都会。有时,你会感觉作业太难了。所以,请记住:

说一些像"我不会做"或"我是个笨蛋"之类的话,只会让你不敢尝试;

不要说"我不能",要说"我想我能",勇敢去尝试,人们的想法会改变人们的行为;

越相信自己能够完成作业,你的压力就越小。

五、专注:学习时不为别的事情分心

专注是指集中精力做好手头的事情,不为别的事情分心。比如,该学习的时候,要把注意力放在正在写的作业上,而不是想着去看电视。

该学习的时候,如何不再为别的事情分心呢?下面是一些有效的方法:

- 把要做的事情列成清单,这样你就不会忘记;

- 挑选一个让自己不容易分心的地方；
- 播放舒缓的轻音乐来阻挡家里的其他噪声；
- 了解自己的最佳学习时间（精力充沛、注意力集中的时间）。

专注也意味着要注重细节，这样你才能很好地完成作业。比如，你认真听了老师对作文的要求，就不会写错主题。还有一些细节很重要，例如作文要写多长？是否要交英语作业？何时上交作业等。完成作业和很好地完成作业不一样，一定要再次检查你的作业，确保自己按照老师的要求做完了作业。

第五节　应对考试或演讲的压力

有的学生会在考试或演讲时甚至跟老师讨论的当天会感到焦虑，甚至感到非常恐慌因而错失了很多机会。下面有一些方法能够帮助你应对考试、演讲和跟老师沟通的压力，它们也能用在其他重要场合。

一、应对压力的小技巧

1. 好好休息

有时，学生在考试或者演讲前一天晚上很难入睡。如果你也是这样，你可以尝试用第二节中学习的放松法，让自己放松下来。在前一天晚上，你要计划好，早点完成学习任务，重点是放松而不是复习，如果你想在第二天早点起来复习，那么只要计划早一点睡觉就行，这样能确保自己睡眠充足。

2. 吃好早饭

除了晚上好好休息外，也要记得吃早饭。你可能不想吃，也可能太焦虑，或太忙没有时间准备早餐或者没有丰盛的早餐，但是，一定要吃一点，给自己的身体补充能量。你还可以带点营养食品去学校，在进教室前再吃一点或在课下吃。要知道，食物和睡眠都能帮助你保持精力充沛。

3. 练习积极暗示

即使你在平时学习时克服了消极暗示，但在考试当天，你可能还会有自我否定或消极暗示的想法。如果你发现自己在想，"我很笨，我一定考不好"或者"这道题我不会做"时，你可以试着将这些消极想法变成积极暗示。

如果你平时学习努力而且效率高，你就能对自己说很多的积极暗示，下面这些积极暗示可能会帮到你：

- "我已经很努力学习了，这次考试我也能发挥到最佳水平。"
- "有些题目不会做也没关系，我已经会做很多题目了。"
- "我有提示自己考试知识点的记忆法，它能帮助我。"
- "我准备了 PPT，好提示自己演讲时该说些什么。"
- "我准备好了，我感觉很好。"
- "我不需要得第一，只需要尽自己最大努力做到最好。"

4. 告诉自己这只是普通的一天

你可能会认为，考试或者演讲的那一天是你生命中最重要的日子，这一天决定了你是谁，你是不是聪明，以及别人会如何看你。这些想法都会给你带来更大的压力。有的老师也会非常重视考试那一天，甚至认为这一天决定了你是否掌握了学习内容。不过，你要明白，这一天跟其他日子一样，只是你生命中普通的一天。如果你提醒自己，考试或演讲结束后，还需要做其他作业，参加别的活动，考试或者演讲这样重要的日子就不会给你带来巨大的压力了。无论如何，这一天像平常的一天一样会过去，你不会一直站在同学面前演讲，也不会一直参加考试，考试或演讲最终会结束。

5. 想象自己只是在练习

在前面，你已经掌握了学习和复习的方法，你甚至想象过自己考试或演讲时的场景。如果你之前已经练习过很多次，在这一天，你可以想象自己也是在练习，来减轻自己的心理压力。一般来说，在家里练习演讲和考试，带给你的压力会小一些。闭上眼睛，想象着自己现在在家里，让自己内心平静下来，然后再睁开眼睛，集中精力进行考试或演讲。

6. 随身携带一个安慰物

安慰物能够让你放松，提醒你自己：你很棒，以及有很多人关心你。例如你上次考试考得很好，那么你可以在这次考试时用上次考试用过的笔；或者在口袋里放自己喜爱的小玩具；又或者在口袋或书包里放能够让自己感到舒服、轻松的东西。你可以把这些安慰物放在背包或者口袋里，看看或者摸摸它们，这样能减少你考试或演讲时的压力，让你放松下来。

7. 使用自己的放松法

如果你觉得自己在考试或演讲时会有压力，你可以尝试运用前面学到的一些让自己放松的方法。比如：

- 呼吸放松法；

- 渐进式肌肉放松法；
- 摆动放松法；
- 想象成功法；
- 倒数放松法；
- 积极暗示法等。

二、考试成功的技巧和方法

如果你平时一直在努力学习,在考试当天,你就没必要花很多精力学习了。这时,注意一些考试技巧能够让你考得更好。

1. 仔细阅读考题要求

有时,即使考题要求很明显,在考试时你可能会因为紧张焦虑而常常容易忽略考题要求。例如,题目要求可能会让你把解题步骤列出来,如果你没有仔细阅读考题要求,只是做对了答案,并没有写上解题步骤,你可能也拿不到满分。所以请一定要认真按照考题要求答题,你才能获得好成绩。

2. 检查答案

答完所有题目后再仔细检查一下答案。你可以先做一名答题者,然后再做答案的检查者。一开始,要尽自己所能去答题,然后,可以用前面学到的放松法让自己放松一下,放松后再检查一遍答案。检查答案是发现错误,保证答案正确的好方法。

3. 运用排除法

在做选择题或者连线题时,先把会做的都做了。剩下不会做的只能靠猜想,你可以用一个重要的方法——排除法。假设一个题目里有四个选项,你能确定其中一个是错误的,那么将它排除掉;还有一个是错误的可能性很大,你也可以将它排除,最后就只剩下两个可能是正确的答案。如果你不想丢分,那就在剩下的两个之间进行选择,你有50%的概率能答对。

4. 跳过难题

如果你在考试时被一道题目卡住了,可你觉得自己会做,不过可能需要花较长的时间才能做出来,那么,你可以在这道题的旁边画一个星号或圆圈做标记,方便你回过头来能快速找到它。然后先跳过去,等做完其他所有题目后再回过头来解决这道难题。这时,你既不会因为其他题目还没做而着急,也可以专心解决这个难题。

5. 使用你的学习方法

如果你使用了记忆法来学习,那么你可以把它们写在草稿纸上,方便你使用。如果你不想写下来,可以在头脑中回想一下你用过的学习方法,然后集中精力考试。

6. 写好作文的小技巧

作文不仅仅是写开头、事件、结尾这么简单。老师可能希望你围绕主题,有条理地把一个问题写完整。下面是一些建议:

(1)仔细阅读写作要求

跟其他考题一样,你也要仔细阅读作文的写作要求,确保没跑题。写作文很容易偏题,所以,每写一段时间,你就要停下来,再看看写作要求,保证自己没有偏离主题。

(2)画结构图或列提纲

你可以在开始写作之前画一下结构图,这样你就知道自己要写的内容以及先后顺序。如果你不喜欢画结构图,在开始前可以简单地列一个写作提纲。

(3)不要假设老师理解你的意思

你可以假设自己正在给一位不了解你写作内容的读者写作文,这会让你的思路更加清晰,语言表达更加清楚。

(4)注意时间

写作花的时间会比较长,所以你在写作时要合理分配时间,并留下检查作文的时间,切记不要超时。

(5)检查作文

写完后,回头看一下自己写的内容,把表达不清楚或不流畅的地方改一下。你可能会吃惊于自己所写与所想有些不同。虽然你重点关注写作的内容,但是老师也会看你的书面情况。写作的时候要注意书写工整,写完后要检查是否有字词或语句错误。

三、从容应对演讲

你在公开场合上说话是否会容易感到紧张? 其实,并不是只有你一个人这样,对于在公开场合上讲话感到紧张焦虑是非常普遍的现象。不过,还是有一些方法能够帮助你克服紧张感。下面这些方法可能对你有用:

1. 用一些可视化的辅助工具

有的人在演讲的时候,希望别人在听演讲的时候也能看着他;有的人则不喜欢别人看着他,在别人盯着他们看时,会感到有点不自在。你可以在演讲的时候使用PPT,不仅可以提示你要讲的内容,而且可以让别人在听你演讲的时候看你的PPT,而不是盯着你看。可以提前想一下,用哪些辅助工具能够让别人关注你演讲的主题内容,可以跟老师沟通你的想法,确保你的想法符合演讲的要求,也可以实现。

2. 语速不要太快

有的人想尽快演讲完或因为太过紧张,演讲的语速会很快,来不及停顿,这样的演讲会让你的内心难以放松和平静下来。在做演讲前,你可以先进行积极的自我暗示:"我不需要完美,只要尽自己最大的努力就可以了。我知道自己在说什么,所以我只要说下去就行。"也可以用放松法,一种常用的方法是想象听众只穿着内衣,他们比你还尴尬。你还可以试着对自己说:"我对自己的评价要比别人对我的评价更严格。"如果你在家里练习了很多次演讲,也能有条理地展示出来,不过在演讲前会有一点兴奋和焦虑,这是非常正常的。你可以慢慢走到演讲台前面,深吸一口气,然后快速环视一下全场,对所有人微笑,这让你感觉到自己只是在和不了解这个话题的人分享知识,而不是在接受审判。

3. 与听众进行眼神交流

演讲时与听众进行眼神交流是非常重要的,他们会感到被认可,你会吸引住他们的注意力。如果你对着地板说话,他们会认为你不是在跟他们说话,自然就难以集中注意力听你讲。眼神交流实际上是帮助你吸引大家的注意力。

4. 条理要清晰

一种搞晕听众的简单办法就是不断切换主题。利用学习卡、PPT和列提纲的方法能让你的演讲条理清晰。你还可以把关键词写在黑板上,让听众的注意力集中到你演讲的重点上。

5. 不要害怕别人的反应

有的人在演讲的时候害怕被嘲笑,虽然有时会有嘲笑声,但是绝大多数人会支持你,因为他们会觉得勇于上台演讲已经是勇气可嘉了。

如果有人在你演讲的时候发出嘲笑声,你可以:

- 不看那个人,这样他的表情就不会干扰你或让你分心;

- 在你演讲时,多看一些支持你的听众;

- 有人嘲笑你,并不意味着你的演讲出错了,可以进行积极的自我暗示;

- 如果有人故意打断你,让你无法继续演讲,你可以平静地问他不清楚哪些演讲内容,一定要心平气和地问他;

- 告诉自己,你已经努力准备了这次演讲,有很多内容可以跟别人分享;

- 在演讲结束后,可以跟他人交流一下。

第八章　劳逸结合:学习记忆与生活方式

正如明明没有食欲却去吃东西,会对健康不利,如果没有兴趣还去学习,则有损记忆。

——达·芬奇

学习记忆与生活方式息息相关,良好的生活方式能有效地提高你的学习记忆能力,本章主要呈现与学习记忆有关的各种因素,进而科学地指导人们在日常生活中获取提升学习记忆的能力。

第一节　给大脑适当的刺激

不同的人对同样的经历会有不同的回忆,因而记忆从某种角度上来讲是主观的。事实上,人们的个人喜好、当时的心情会影响记忆的发展。那么人们的记忆还可信吗? 心理学研究表明,大脑会扭曲人们对于往事的回忆。压力、恐惧或疾病都会妨碍人们接收信息的准确度。在重压之下,人们的注意力会下降,甚至很难客观地观察细节。因而,在你感到压力巨大的时候,不要仓促做任何决定。等到压力减轻过后,再做决定也不迟。

为了减轻压力,按摩法不失为一个好方法。找一个温暖、舒适、光线柔和的房间,针对背部或者比较敏感的部位(比如脸部)进行按摩。在按摩的过程中,你可以自由回忆起愉快的过往。味道是一种非常强大的记忆引发器,香烛或精油能让你在按摩时更放松,因而在按摩之前在皮肤上滴几滴稀释后的精油,会让按摩的效果更好。不同的精油功效各有不同:迷迭香可以增强记忆力,使人头脑清醒,但并不适合孕妇使用。罗勒精油和柠檬精油同样有助于增强记忆。檀香精油则有助于思考,增强创造力。

当然并不是说所有的压力都不好,一定程度的压力实际上会对记忆产生积极的影响。由于鼠脑和人脑的结构和功能相似度很高,都是由大量联系紧密、能互相交流的神经元组成,所以我们可以用鼠脑来做研究。研究表明,老鼠的大脑可产生新的细胞,该过程称为神经元的形成,它贯穿于老鼠的整个生命过程。然而,如果环境充满压力,它们的大脑会停止产生这样的神经元。更糟的是,在刺激极少或没有刺激的情况下,老鼠的大脑可能会丢失一些已经存在的神经元。换句话说,大脑不仅会因为压力过大而停止产生新的神经元,也会因为缺乏刺激导致一些现存的神经元死亡。

因此,刺激大脑对保持健康、有创造力、功能齐全的大脑至关重要。不管年龄大小,你的大脑要想达到最佳状态,就一定需要刺激。如果你决定从身体和精神上退休,这可能会导致一场认知灾难。即使你退休了,还是要通过接受挑战来不断刺激你的大脑,让大脑进行一些活动,比如学习一门新的语言、打桥牌、下国际象棋、加入舞蹈团,让你的大脑细胞处于工作状态,这样可以减缓甚至暂停认知能力的下降。对你的大脑来说,最好的挑战当然是玩记忆游戏,每天你都可以通过切实可行的办法来实现。

自 1986 年以来,流行病学家大卫·斯诺登(David Snowdon)一直在追踪明尼苏达州 678 个年长修女的生活,以弄清楚老龄化对心理健康的影响。这些志愿者的年龄在 75~104 岁之间。因为她们都有相同的生活条件,这对研究来说是较为理想的。这 678 个人死后,会自愿捐出自己的大脑用于研究。斯诺登的研究结论有重要的启示意义,且让人们对晚年充满希望。他发现饮食和运动与健康和长寿有关。对生活抱有积极态度且参加大脑刺激活动的修女,遇到与年龄相关的记忆障碍的风险较低。

最引人关注的是,低概率的阿尔茨海默病和好问的头脑之间存在关系。对这样的修女来说尤为如此,她们从小就能够阅读和写作,且口头和书面表达能力良好,因此她们的寿命更长,也不易患病。因此,有规律的锻炼,包括精神和身体上的锻炼,以及乐观的心态在减缓精神衰老过程中起着重要的作用。有趣的是,和那些隐居的人相比,那些终生热爱阅读以及积极参加团体活动的修女,患阿尔茨海默病的可能性也比较低。

有些 95 岁及以上的老年人仍保持积极的态度,他们定期通过互相测试词汇、猜字谜、玩漂流者纸牌游戏(涉及给纸牌排序)来锻炼大脑。因此人们越早培养好学的思维越好。从孩子出生的那一刻起,激发他们的思维是其一生中取得进步的重要因素。回顾我的童年,我的父母经常给我一些有助于刺激我的探索欲和求知欲、扩展我的大脑认知的玩具,比如乐高积木、拼图、魔方等,甚至只是简单的一副扑克。可别小看扑克,就是这套简单的工具可以给大脑来个全套训练。做到持之以恒,每次玩完后,你的神经细胞就会得到进一步加强,整个大脑(而不仅是记忆力)都会得到锻炼。

　　脑科学家认为,饥饿、走动、寒冷的条件能促进学习记忆。人在饥饿的时候,人们的胃会分泌一种名为食欲刺激激素(ghrelin)的饥饿激素。这种饥饿激素能随血液循环进入海马区,促使海马区神经元产生 LTP。相反,在吃饱后不仅饥饿激素的水平会降低,而且血液还会相对集中于胃部和肠道,这往往会导致脑的活动水平降低。正如狩猎后吃饱了的狮子会在树荫下睡觉一样,人类在吃饱后也会犯困。所以,记忆有效的时间是在饭前。早饭或晚饭后处于饱腹状态时,不学习也不要紧,可以读课外书、看电视,或者玩游戏,做一些自己感兴趣的事,可以让人们的生活更加丰富多彩。午后如果实在困得坚持不住,不妨睡个午觉,不要有什么顾虑。如果早就决定要睡午觉,那么应该在午睡前的这段时间内抓紧学习。此外,经常来回走动或跑动时海马区会自动产生 θ 波,这样一来,记忆力也得到了提高。可以说,"走动"是提高记忆力的开关。在温度略低的房间里学习可以提高效率,夏天在空调冷气较强的房间、冬天在暖气不太充足的房间里学习比较好。较高的室温不仅会减弱人的危机感,还会影响脑的血液循环,从而降低思考能力。

　　最后,理解一个知识点有助于增强记忆效果和记忆持久度,如果大脑对新知识的理解程度比较高,人们就可以更快地学习和整合新信息。兴趣和理解对记忆效果都非常重要,两者相辅相成。记忆储存在复杂的神经网络当中,神经网络实际上是由不同脑区、不同神经元之间的神经纤维互相连接而成。当你接触一种新知识时,你的大脑中完全没有基础知识架构,比如从零开始学英语,在这种情况下大脑就需要从零开始生长出大量新的神经纤维并互相连接在一起,搭建一个全新的"英语"神经网络。如果你对一种知识已经有了比较多的了解,比如达到英语六级水平,这时候再背英语专业八级的词汇,记忆难度就不像初学时那么大了,因为你的大脑需要做的只是往已有的神经网络里添砖加瓦,对神经纤维、蛋白做增添和修剪。在这个阶段,你会觉得越学越有乐趣,因为学习新知识越是难度适中,你越容易得到奖赏感和快乐感,也就更愿意学习这种知识。因此,知识越是熟悉,就越容易学;越有兴趣,记忆效果就越好。当然,对应的脑机制就如前文所述,一旦开始学习,甚至出现了兴趣与好奇心,都能有效促进乙酰胆碱分泌和 θ 波增强,从而增强人们的学习记忆效果。

第二节　日常饮食与药物选择

关于如何提升记忆的方法层出不穷，事实上，提升记忆力的最有效方式就是保持身体健康。要想身体健康，就得摄入足够多的营养。你的神经元有营养才能正常工作，而为神经元提供营养的主要来源是食物。大脑的主要营养是 ω-3、ω-6（也就是深海鱼油，获取它们的唯一来源是食物）、B 族维生素、胆碱以及维生素 C。如果你供应给大脑必要的营养元素，它会帮你维持神经细胞、脑细胞的活力。

人类新陈代谢利用的是氧气和营养物质来产生能量。但问题是，当人们消耗这些能量时，会产生有毒的废物——自由基，在人们衰老的过程中，这些物质是杀死人们大脑细胞的罪魁祸首，因而导致记忆力出现问题。好消息就是，有许多富含抗氧化剂的天然食物，人们可以用来中和自由基的影响。可以增强记忆力的抗氧化食品如：菠菜、西兰花、西梅、洋葱、李子、蓝莓、黑莓、覆盆子、草莓、葡萄干。

有研究表明，服用一定剂量的 B 族维生素，可以明显延缓因阿尔茨海默病引起的记忆力下降。在最近的一项研究中，在有轻度认知功能障碍的人中，那些吃 B 族维生素的人脑萎缩的速度放慢了 87.5%。维生素 B、维生素 B_2 和叶酸一起吃，对记忆最有好处。

此外，维生素 B 有助于舒缓神经递质，包括血清素、多巴胺和褪黑激素，保证你晚上睡个好觉，这对于巩固和保持良好记忆是很重要的。

名为"乙酰胆碱"的大脑内重要的化学物质也对你的记忆力有好处。该物质的缺乏最有可能是导致记忆力突然衰退的原因。诸如鱼类和鸡蛋的食物富含胆碱。也有一些证据表明，维生素 A、C 和 E 可提高记忆力。当补充维生素 B 和维生素 C 时，记忆神经递质会由这些物质制造出来。那么摄入脂肪又会对记忆力产生什么影响呢？很多所谓的垃圾食品都是由氢化脂肪组成的，你吃的东西里若含有过多这类物质，会降低你的身体动力，降低你的记忆力。相反，对大脑有好处的不饱和脂肪酸比如 ω-3 摄入时，可以提高大脑的效率，改善情绪。冷水鱼类如鲱鱼、鲭鱼、沙丁鱼、金枪鱼和鲑鱼可提供大量的 ω-3 脂肪酸，亚麻仁或亚麻籽也同样如此。

有研究表明，银杏叶能扩张血管，增加流入大脑的血液，阻止血液黏稠，从而明显提升记忆力。德国作家歌德直到晚年大脑依旧灵活，还得归功于每日早餐时摄入的银杏叶。还有研究都表明,保持所谓的地中海饮食习惯,在饮食中包含少量饱和脂肪酸和红肉,大量的蔬菜,最有利于保证你在年老时还能拥有良好的记忆力。所以,我建议你吃大量的水果和蔬菜、鱼和其他类型的海鲜、全谷物,并在你的饮食中加入橄榄油或混合坚果。

如果你喜欢酒,适量的葡萄酒也是健康的地中海饮食的一部分。另外,绿茶也是很好的抗氧化剂。它被证明可以有助于提高空间记忆力和目标识别力,对那些超过 65 岁的人来说尤为如此。但它的作用远非如此。绿茶似乎还含有抗癌和预防阿尔茨海默病的作用。

喝咖啡对记忆力有好处。美国人和欧洲人喜欢喝咖啡,所以做了很多咖啡对大脑影响的研究。结果发现,咖啡因不仅可以提神醒脑,还能辅助治疗一些精神疾病。每天三杯咖啡,可以提高记忆力和反应能力。长期饮用还能预防阿尔茨海默病。咖啡因通过作用于大脑神经元的腺苷受体 A2aR,减缓记忆的衰退速度。对东亚人来说,喝茶也有类似的作用。

饮食的选择对记忆力也很重要。有越来越多的证据表明,橄榄油富含的单不饱和脂肪酸不仅可以改善心血管功能,还能提高记忆力。对大量中年女性的饮食研究发现,长期摄取单不饱和脂肪酸的中年女性记性更好,而长期食用饱和脂肪酸(猪肉脂肪和牛肉脂肪等)则会导致记性变差。富含不饱和脂肪酸的食物包括橄榄油、牛油果、三文鱼等。

考试前慎重购买抑制乙酰胆碱的药物。乙酰胆碱是产生 θ 波的根源,具有激活海马区以保持意识清晰、提高记忆力的作用。其实在大家身边有很多能抑制乙酰胆碱发挥作用的药物,比如几乎每个人都吃过的感冒药、止泻药或晕车药等。如果考试前不得不服用感冒药或者止泻药,那么可以在买药时咨询一下,让药剂师帮人们选择那些不含有抑制乙酰胆碱成分的药物,这样就能安心地去考试。

第三节　认知训练与干预

关于认知训练,目前的研究主要围绕如何提升人们特别是老年人或儿童的学习记忆能力而展开。一项由美国加州大学伯克利分校开展的研究发现,认知训练游戏可以提升儿童的学习能力,从而让儿童更加聪明。这项研究里,要求7～9 岁的孩子参与或者玩一组涉及重要认知与逻辑技巧的挑战游戏,一周需要玩两次,每次玩 1 个小时。经过 8 周的训练后,结果发现该认知训练游戏可以提升 30％的非言语智力。研究者西尔维亚·邦奇(Silvia Bunge)博士认为,该项研究中所使用的大脑认知处理的重构化训练能够通过动员有效学习和学习表现必需的大脑关键处理程序,从而改善学生专注、推理相关的学习能力,并且认为这些能力的提高可以帮助学生为学习做更充分的准备。一项对比研究专门着重于训练脑力反应速度的游戏,在这项研究里儿童的脑力反应速度得到提升,但他们并没有在非言语智力方面有提高。相反,进行逻辑训练的儿童在脑力反应速度方面没有得到改善,但在非言语智力方面表现出了提升。这些研究结果的分离,很好地预示了一套完整的认知训练法则必须包含针对不同的心理功能比如加工速度、注意、记忆、思维和问题解决能力等不同模块。

此外,一些专门针对记忆力设计的小游戏或许可以帮助人们提高记忆力。剑桥大学针对早期认知衰退病人设计了一个有趣的小游戏,让玩游戏的人在平板电脑上把不同的地理模式和不同的位置相匹配,如果匹配对了,就会得到虚拟金币的奖励。这个游戏还会根据人们的表现而改变难度,所以不容易玩腻。这些病人在 4 个星期中总共玩了 8 次游戏,每次玩 1 个小时,结果他们的情景记忆测试分数提高了 40％,错误率下降了 1/3。情景记忆能力对于一个人的日常生活非常重要,人们需要记住把钥匙放在哪里了,或者把车停在哪里了。参与者在玩了几次游戏之后,其自信程度和主观记忆力也提高了,也就是说游戏让他们的自我感觉更好。一项针对老年人的认知训练研究也同样发现认知训练的有效结果,超过 80 岁的老年人作为实验参与者参与了一个电脑游戏训练,游戏中需要驾驶车辆并在此期间辨认出特定的交通标志,还要同时忽略其他标志。几轮下来,这些老年实验参与者的注意力得到了显著提高,甚至超过了没有经过训练的 20 岁左右的年轻实验参与者。同时老年参与者的记忆力也得到了显著提高。上述实验证明了一种假设,即练习与训练能够提高人们的认知控制。研究人员认为:"注意力的完全集中显然提升了大脑的运转速度,加强了突触之间的连接,并为人们所训练的内容扩展或建立神经元网络。在此过程中,大脑的控制中心前额皮层被激活并强化。"这些结果让人振奋,人们的大脑就像身体一样,去精神健身房进行脑力锻炼,便可变得越来越强大。目前的研究证明了一定的认知训练能够帮助那些深受学习困扰的儿童又或是日渐记忆老化的老年群体。

不过,认知游戏对提高记忆力是否真的有效,提高程度有多大,是否可以迁移到更多的场景中,这些问题科学家还存在一定的争论。虽然认知训练游戏对增强记忆力的效果还没有获得特别稳健的证据,但是边游戏边用微电流刺激大脑,对于提升记忆力效果明显。一项发表在《神经心理学》上的新研究表明,工作记忆训练与一种无创的大脑微电流刺激相结合,可以在某些条件下改善一个人的认知能力,包括工作记忆和认知策略。为什么仅仅使用认知游戏训练效果不太好,而认知游戏训练与微电流刺激相结合就有用得多呢?研究者认为,这是因为对大脑的微电流刺激会直接影响大脑的可塑性,从而增加不同脑区间神经连接的数量和强度。当大脑中负责工作记忆的脑区之间神经纤维连接增加了,增强的神经网络就会使人们在完成另一个需要同样的大脑神经网络的任务时也能表现得比较好。而如果通过认知游戏来训练一些特定的记忆内容,那么结果可能只是和这个特定游戏有关的一个很小的脑区功能增强了,而整体的工作记忆能力并不会提高。在这个实验中,科学家使用的是经颅直流电刺激。通电后,大脑表层就会有电流流过。想要影响哪部分大脑,就把电极放在可以让电流流经那个区域的特定位置上。微弱的电流使得大脑表层的神经元比平时的放电程度略有增加,神经元连接的速度更快,学习的效率也变得更高。

可惜,这一研究证明大脑功能训练叠加电流刺激有助于提升的是年轻人的认知能力,2020 年最新的研究证明该训练方式对老年人的认知能力提升不大。最新的研究是对 131 名年龄在 60～75 岁之间的实验对象展开的,方法是让其接受电流刺激并辅以大脑训练,并衡量训练前后受试者完成问卷调查等任务的程度,观察这种训练是否对老年人的注意力、判断力、记忆力等认知能力有积极影响。研究发现,随着时间推移,实验对象无论是否接受电流刺激,完成大多数任务的表现都会改善。在后续评估中,有一小部分受试者的工作记忆和情景记忆能力得到改善,但这与他们的天分和基因因素有关。这表明,大脑训练和电流刺激基本对老年人认知能力改善不大。该研究已发表在《自然·人类行为》杂志上。研究人员认为,对年轻人有效的方法不一定适用于老年人,可能是因为双方神经系统结构和功能方面存在差异。因此,还需进一步针对老年人改进研究方法,测试个体差异以找出最能受益的群体。

经颅直流电刺激技术已经存在了半个世纪,通过它来增强大脑神经回路可塑性的效果,在很多研究中也都得到了证实。在这个实验中,研究人员让参与者先玩半小时语言记忆训练游戏或者空间记忆训练游戏,在此期间,他们大脑左边或右边的背外侧前额叶会受到微电流刺激,其中大脑的右半球主要负责空间功能,左半球主要负责语言功能。结果发现,那些玩语言记忆训练游戏且大脑左侧前额叶受到电流刺激的人,他们的语言工作记忆能力明显提高了,而空间记忆能力没有明显变化;那些玩空间记忆训练游戏且右侧前额叶受到电流刺激的人，他们的空间记忆能力提高了，而语言工作记忆能力没有明显变化。相反，那些玩空间记忆训练游戏且左侧大脑受到电流刺激的人，他们的语言工作记忆能力和推理能力都没有变化。不过有趣的是，那些玩语言记忆训练游戏且右侧大脑受到电流刺激的人，他们的语言工作记忆能力和空间记忆能力都提高了，他们的推理能力也提高了。研究者推测原因可能是，大脑右背外侧前额叶负责策略功能，对这个区域的微电流刺激可能有助于提高人的策略能力，从而使各方面的表现都得以提升。

经颅磁刺激(transcranial magnetic stimulation，TMS)利用磁场，对大脑皮层或外周神经进行一种非侵入式的、无疼痛的刺激，从而检测或调节改善大脑功能。在临床上，经颅磁刺激经常用来诊断和治疗中枢神经系统疾病以及精神疾病，是一种热门的神经调控技术。经颅直流电刺激可以增强大脑的可塑性，也就是说学习能力和记忆力这种神奇的效果在近年的多项研究中都得到了证实。在2016年的一项研究中，罗马科学家用经颅直流电刺激小鼠大脑20分钟后，发现小鼠海马区神经元的可塑性和记忆力明显提高了，并且效果持续了一周之久。通过观察小鼠大脑的生理变化，科学家还发现，电刺激可以激发大脑细胞释放脑源性神经生长因子，前面人们讲到，这种因子对于大脑神经元的生长和分化至关重要。

不仅小鼠如此，在人类身上科学家也发现了类似的效应。2017年发表在《电子生命》上的一项研究发现，通过同步电刺激增强特定的脑电波，可以提高人的短时工作记忆能力。大脑不同区域的神经元电活动会在不同频率上振荡，有着各自的稳定节拍。帝国理工学院的研究者发现，通过经颅直流电刺激的手段来同步不同脑区的神经电活动，可以增强工作记忆能力，这个应用在现实生活中帮助人们在聚会中记住新认识的人的名字、电话号码，或者记住超市购物清单。在这项研究中，当用 θ 波频段的电流同步两个不同脑区的活动后，实验参与者记忆任务的反应速度明显变快了，这说明他们的短时记忆能力增强了。

大脑电刺激还可以提升精神疾病患者的大脑认知功能。2017年发表在国际顶级期刊《脑》上的一项研究中，伦敦大学国王学院的研究者发现，用微电流刺激大脑可以提高精神分裂症患者的认知能力。精神分裂症患者的核心症状包括认知能力损伤、记忆力和专注力变差、决策困难。这些认知能力的缺陷导致他们没有足够的注意力来记住信息，这严重影响了他们的日常生活。

科学家使用经颅直流电刺激来反复刺激这些精神分裂症患者大脑的特定区域，结果发现这些病人的大脑认知功能有所改善。这可能是因为电刺激可以增强大脑细胞的可塑性,使大脑的神经元连接更容易被新的信息输入或者训练修改。换句话说,电刺激使得大脑的学习能力增强了。在接受经颅直流电刺激24小时之后,这些精神分裂症患者的工作记忆能力和执行功能都有所提高,相关大脑区域的活动模式也改变了。

经颅直流电刺激还有助于运动记忆的巩固。而且,在2016年发表在《当代生物学》的一项研究中,科学家第一次发现,睡觉时用经颅交流电刺激持续作用于特定的大脑区域,可以增强与运动相关的记忆力。睡眠中大脑特定区域产生的纺锤波对记忆的形成至关重要。在这个研究中,科学家用交流电刺激作用于这些纺锤波,明显提高了参与者的运动记忆表现。

在2017年的一项研究中,美国西北大学医学中心的科学家还发现,经颅磁刺激可以提高一个人情景记忆的精确度。这些情景信息包括一个事件发生的背景和空间信息,比如特别的颜色、形状或者一些建筑的具体位置。实验参与者在接受了几天的经颅磁刺激后,他们精确记忆信息的能力增强了,效果可以维持长达24小时。

经颅磁刺激还可以增强听觉记忆力。大脑中有一个神经网络叫背侧通路,它和人的听觉记忆能力有关。背侧通路会产生有节律的电脉冲——θ波。麦吉尔大学的科学家发现,通过对这个区域实施经颅磁刺激,可以增强一个人的听觉记忆能力。在这个实验中,科学家先用脑电波和脑磁波结合的手段,记录一个人在做听觉任务时大脑背侧通路的电活动。然后根据记录下的实时电活动,科学家在同样的区域施加经颅磁刺激,刺激的频率和该区域的θ波频率保持一致,从而增强了θ波。结果发现,当θ波增强之后,一个人的听觉记忆表现也提高了。但如果只是对这个区域施加随意的磁刺激,而不和θ波保持同步,就没有这种增强的效果。这个研究结果意味着,通过人为增加特定脑电波活动的强度,可以提高一个人在听觉学习中的表现。同样的原理也可以应用于视觉、知觉和一般学习过程中。这里提到的都是发表在脑科学和精神医学的世界顶级期刊上的研究,效果也在不同的实验范式下多次重复出现。这给予了研究大脑可塑性和经颅电刺激技术的科学家很大的信心,相信类似的物理刺激方法在调节大脑功能、治疗精神疾病方面可以发挥重要的作用。

在一篇刊登于《科学》杂志的研究中,科学家选择利用经颅磁刺激的方式"唤醒"记忆,这种非侵入性的方法,主要是利用快速变化的磁场提供的脉冲电流到大脑。试验结果发现,"遗忘"的项目出现了适当的神经活动,显示记忆从潜伏状态被激活。其实,利用"经颅磁刺激"唤回记忆不是新鲜事。早在20世纪 50 年代,在一些病人脑手术过程中,当电刺激他们颞叶的某些区域时,他们能听到某种声音和音乐,或者看到某个图像,以及有一些其他的精神感知;而刺激其他脑区时则没有这种现象。这种由电刺激引起的精神性感觉体验,往往带有梦的色彩,暗示了这种由电刺激皮质而体验到的精神感知,很可能是大脑对过去经验记忆的一种再现。至于那些"被唤醒的记忆",需要明确的是,电刺激特定区域唤回的记忆与真实记忆是有差别的。记忆涉及众多脑区,也会有特定脑区参与某种记忆过程。对特定脑区进行刺激,就会唤回一些记忆。这是由记忆涉及的脑神经网络而定的,对某点的刺激肯定不会导致相关记忆网络整体活动的一致性,因此在记忆反应上就会与原来的记忆有差别。

记忆的本质是脑,是神经网络活动的结果。只要是物质性的,就能通过各种手段影响物质运动规律,就会有办法干预记忆。具体办法离不开神经网络活动的基本规律,那就是电活动。影响神经电活动的技术和方法都是可选项,目前是电刺激、磁刺激,不远的将来,可能有更多高科技能做到更好地干预学习记忆。这样类似的研究为治疗记忆开辟了新的领域,为需要记忆改善的人群带来福音。对于大脑损伤和记忆障碍人群例如阿尔兹海默病患者和记忆障碍患者来说,即使是小小的改变,也可能会对大脑功能有很大的提高。

第四节 运动与锻炼

没有氧气,人的大脑就无法运行,也就是说,大脑运行的前提是必须保持血液循环畅通。锻炼无疑是促进血液循环、保持大脑健康有效的手段。无数研究表明,锻炼有助于改善大脑功能。打个比方,这些记忆策略好比大脑的软件,而身体则是硬件,毫无疑问,硬件水平越硬,软件运行效率自然会越高。研究表明,长远看来,各种形式的有氧练习,包括跑步,都对脑细胞的成长有利。2010年剑桥大学一项用小老鼠进行的试验表明,跑步还能帮助人体形成新的脑细胞,增加脑容量,尤其是海马区部分,正是记忆力与学习相关的部分。

长期坚持规律的有氧运动也可以明显提高记忆力。建议的运动频率是每周 3 次以上,累计时间要超过 2.5 小时。一项研究发现,学习之后 4 个小时锻炼身体可以明显提高记忆的效果。在 2016 年开展的一项研究中,科学家让 72 个参与者学习图片和地点的配对关系,学习过程共计 40 分钟。接着这些人被随机分成三组第一组在学习之后马上开始运动,第二组在 4 个小时后开始运动,而第三组完全不运动。两天后科学家测试这些人能记住多少学习内容,结果发现,第二组比另外两组记住的配对信息更多。这说明,适当地延迟锻炼有助于提高长时记忆力。大脑是一个使用频率越高性能就越好的神奇器官,因此,人们最好在日常生活中尽量多地使用大脑。不过,锻炼大脑不等于不顾一切地胡乱使用大脑,人们需要使用更高效的锻炼方法。

日常中,还可以简单地通过使用手指运动来锻炼刺激大脑。控制人体各部分的神经元在人脑中所占的比例中,手指和舌头比例最大,手腕、腿和躯干却较小,这意味着人脑对来自手指和舌头的信息非常敏感,感受能力非常强。从脑机制来看,"使用手指"也是一种有效刺激人脑的方法。人们只要在平时稍加留意就可以完成指尖运动,也不会花费太多时间。在学习时除了要用眼睛看,还要动笔写,其重要性已无须多言。此外,在上学途中做一做手指操,或者做精细操作的针线活、弹琴以及打字的兴趣等,只要愿意在任何时候都可以刺激大脑。

第五节 生 物 节 律

研究表明,经常跨时区出差或者"三班倒"也会明显损伤记忆力。跨时区飞行引起的时差反应会导致血液中和压力有关的肾上腺素皮质醇浓度升高,损害海马区。对长期跨 7 个以上时区飞行的空乘人员进行研究发现,他们的海马区及周围组织的体积明显变小,记忆力也有所损伤。

科学证明生物节律也就是人们常说的"生物钟"的确存在。实际上,人体内部存在着各种呈周期性变化的节律,细胞都是按照规定的时间来活动的。一天之中的节律变化又叫"昼夜节律",它由人脑中的视交叉上核(suprachiasmatic nucleus,SCN)来控制。根据周期的长短,生物节律可以分为很多种:有以秒为周期的节律,比如眨眼、心脏跳动、呼吸的节律等;有白天活动晚上睡觉,即以 24 小时为周期的昼夜节律;有以一个月左右的时间为周期的月节律,例如女性的生理周期。这些节律的产生都可以用脑的机制来说明。如果一个人所有节律的高潮期都重叠在一起,那么在这个高潮期内,这个人往往做什么都能超水平发挥。一些备战奥运会的选手还会专门对此进行训练,希望在四年一次的体育盛会上,自己各种节律的峰值都能重合。

当然,肯定有人习惯早起,也有人喜欢当"夜猫子"。但请大家不要忘记,考试都是在白天进行的,而那些习惯了在深夜学习的人,到了考试当天就不得不从"夜猫子"转变为"早起鸟"。这就像去遥远的国外旅行一样,很有可能出现时差综合征。事实上,当人出现时差综合征时,海马区中的细胞会一点点死亡,从而导致记忆力下降。正因如此，很少有航空公司会大幅调整国际航线乘务员的飞行时间表。所以为了取得更好的考试成绩，大家还是尽可能在白天学习比较好。此外，如何度过周末也是一个问题。比如，有人喜欢在周末睡懒觉，这就相当于主动给自己制造了时差，这简直就是在虐待大脑。所以说，休息日也应该和平日一样，尽量在相同的时间起床。即使醒来之后依然困倦也不要睡回笼觉，等到中午再睡个午觉就好了。生物节律不只有昼夜节律，还有周节律、月节律、年节律，等等。就周节律而言，曾经有相关报告指出，一周之内周五和周六学习效率最高，这种现象又被称为"星期五效应"。虽然该效应尚未得到科学证实，但在周末也认真学习，这可能是个不错的选择。

准确掌握自己的生物节律。对于"学习"这一行为而言，最重要的节律肯定就是昼夜节律。如果昼夜节律的变化和考试的时间段配合得不好，那么结果就可能很糟，也许自己的实力还没充分发挥出来，考试就已经结束了。调整自己的昼夜节律，比如变成早起学习，在刚开始时肯定会因原来的节律被打乱而感到不习惯。这时，你可以通过用凉水洗脸、待在有阳光照射或使用日光灯的环境中等方法，帮助自己调整节律。另外，和生物节律无关，面对考试，首先，如果你了解压力情境，例如即将到来的考试，你可以模拟相似的压力环境以做好准备，因为新鲜体验可能是一项压力来源。提前打卡考场，或者在时间限制下完成练习题目，或是坐在书桌旁学习而不是沙发上，都可以让你在考试时对这些压力的敏感性降低。进行了预演后，人脑会无意识地开始"排练"，这样在考试当天就能减少答题以外的其他事情所带来的精神压力了。提高心跳和呼吸频率会改变大脑中的化学物质，这能帮助你减少焦虑，提高幸福感。规律的锻炼也被广泛认为能改善睡眠，好的睡眠在考前一晚非常重要。到了考试当天，可以试着做深呼吸来平衡身体的应激反应。研究证实深呼吸能有效减少考试焦虑，所以在下一次重要时刻，当大脑一片空白时，做几次深呼吸，直到你能够恢复到平静的状态。

第六节　音乐的魅力

每个人的学习习惯不同，有些人喜欢在安静的环境中学习，有些人则喜欢一边听音乐，一边学习。摇滚乐通常会被认为分散注意力，但依然有研究表明，合适的音乐可以帮助人更好地集中注意力。20 世纪 60 年代，保加利亚心理学家格奥尔基·洛扎诺夫（Georg Lozanov）在一次试验中发现，舒缓的巴洛克音乐能提升记忆,促进有效的学习与生活。音乐的节奏最好控制在每秒一拍。但节拍并不是影响记忆的唯一因素。有人发现,高频率的声音能有效地刺激大脑,提高人脑的敏锐度,更好地储存信息。而相比之下,低频率的声音容易让人萎靡不振,影响记忆效果。

还有"莫扎特效应",是指听了莫扎特的音乐后,能让人变聪明的现象。虽然听起来很像无稽之谈,但实际上这个效应是存在一定科学依据的,人们发表了许多相关的学术论文。说起来,我也曾听过这样的传闻,据说东京大学的学生在小时候学过乐器的人数比例要比其他大学高。虽然不知道是否和莫扎特效应有关,但我认为这是个很有趣的观察角度。莫扎特效应是由弗朗西斯·劳舍尔(Frances Rauscher)教授发现的。研究表明,虽然莫扎特的音乐只能让人在不到 1 小时的时间内暂时性地变聪明,但效果却极其显著,能让实验参与者的 IQ 测试成绩提高 8～9 分。这里必须注意的一点是,所听的音乐只限于莫扎特的曲子。巴赫的音乐可能多少也会有效果,但是其他的作曲家,比如肖邦或贝多芬的音乐就没有这样的效果了,而这也正是该现象被称为"莫扎特效应"的原因。劳舍尔博士对此作出了解释,认为莫扎特的音乐能够通过令人愉快的节奏和优美的旋律协调人的左脑和右脑,这正是产生该效应的关键所在。

第四章提及了大脑是通过制造一定的波形来对外界刺激作出反应的,所以人们可以借助相应的音乐作品在大脑中创造出 α 波。有些音乐作品(详见第四章)有利于大脑放松、更易接收新信息并且能够集中注意力。除了这些被证实有利于放松的古典音乐,还有一种专门的 α 脑波音乐可以帮助人们提高专注力。α 脑波音乐不同于普通的古典音乐,α 脑波音乐不是用作艺术欣赏的,而是用来开发大脑、激发潜能、协调身心的。从脑科学来讲,不是所有的古典音乐都能激发美好的 α 脑波,甚至在同一首曲子中,也不是所有的乐章都能使人身心放松、精力充沛,所以这就存在选择的问题。只有每分钟节拍数在 60～70,频率在 8～14 Hz 范围内的音乐才是真正的 α 脑波音乐。α 脑波音乐是一种灵感音乐,产生于欧洲文艺复兴时期。有人认为,聆听 α 脑波音乐,大脑脑波就会保持在 α 波活动状态。深埋在右脑当中的潜在能力就会被源源不断地引发出来,脑内神经递质内啡肽(也被称作"快乐激素")增多,这时人就会充满旺盛的精力,做事情就会处于高度的专注状态。值得注意的是,关于这一结论还存在一些争议,有待进一步确认是否仅是安慰剂效应,以及如果有效的话,其背后最深层的机制是什么。无论怎么样,在工作与学习中,当然可以尝试听听这些音乐。其实,这种方式也被称为背景式"声音地毯"。有人可能日常就会发现自己工作时听这种背景音乐反而变得非常专注、高效。就像有些人在过于安静的图书馆反而很难平静下来一样,这或许就是无声效果造成的影响。

第七节 睡 眠

人们日常生活中,常听说"睡一觉就忘记了",人们通常认为睡眠可以加速遗忘,但事实上,科学研究发现睡眠可以促进和巩固人们的学习记忆效果。人的一生,有 1/3 的时间花在了睡眠上,睡眠对人们来说非常重要。失眠不仅让人们身心俱疲,而且会引发很多健康问题如肥胖。如果睡眠不足,这不仅会影响人的记忆力,还会影响人的情绪、解决问题的能力和创造力。

为何睡眠会影响记忆呢? 科学家把睡眠作为大脑进行碎片重组的过程,一天记忆的汇集,就像有数百个文件放到你的桌面,或涌入你的电子邮箱。这些文件在读过之后须进行分类归档,以备以后所需。这时睡眠就充当你的文件管理员。如果你无法入睡,或者每隔几分钟就醒一次,那么你的大脑就没有时间去处理你每天所收集到的信息,因此你会很难把这些信息变成有用的长期记忆。有一种观点认为,记忆巩固可能发生在慢波睡眠期间。睡眠期间记忆被重新激活,但也不是增强每一个记忆。在睡眠期间,当它们转变为长时储存时,出现了质的变化。更为具体的推测是,在睡眠时,海马区为新皮层重播白天的事件,而新皮层则审查与加工记忆,从而决定哪些可以进入长时记忆。

人们学到的信息在刚刚进入大脑时,先会以短时记忆的形式储存在海马区中,然后在接下来的几个小时到几天内被分门别类地编码进入大脑皮质的长时记忆区。记忆从不稳定的短时记忆转变为稳定的长时记忆的过程,主要是在睡眠阶段完成的。睡眠可以粗略地被划分为由浅入深的非快速眼动睡眠阶段和快速眼动睡眠阶段,其中快速眼动睡眠阶段是做梦的主要阶段。非快速眼动睡眠阶段和快速眼动睡眠阶段都和记忆巩固过程有关。人们大脑的海马区除了储存缓存记忆之外,还是空间记忆和情景记忆的主要储存区。海马区神经元主要有三种频率的节律波,包括 θ 波节律(4~12 Hz)、尖波涟漪和伽马节律(25~100 Hz)。θ 波通常出现在新知识的学习过程中,这种节律的波也会出现在人们睡觉的快速眼动睡眠阶段。在这个时候,暂时储存在海马区中的白天的经历在快速眼动睡眠阶段会被重新激活,在大脑中重演,并被逐渐"写入"大脑新皮质,巩固成为长时记忆。

在一项研究中,科学家让实验参与者白天背单词,到了晚上,一些实验参与者正常睡觉 7～9 个小时，另一些人被强制一晚上不能睡觉。第二天测试他们的单词记忆情况后发现，和正常睡觉的人相比，睡眠被剥夺的人表现出 40％ 的记忆衰退。具体来看，他们对积极单词和中性单词的记忆能力衰退了 50％，而对消极单词的记忆能力衰退了 20％。这个研究结果说明，在缺乏睡眠的情况下记忆会产生偏差，缺乏睡眠的人们更有可能觉得自己的生活令人沮丧，因为记忆中残存了更多前一天的消极回忆。

其实人的睡眠也是有节律的，只是可能因为人们已经睡着了，所以没有意识到这一点。人的睡眠过程一般由浅睡眠和深睡眠呈周期性反复交替进行，一个周期大约持续 90 分钟。当人处于浅睡眠期时，虽然本人已经睡着了，但是眼球会无意识地快速转动，这种睡眠状态叫作"快速眼动睡眠"（rapid eye movement sleep，REMS）。也有研究人员认为，眼球之所以会快速转动，就是因为睡着的人正在做梦。"梦是记忆的回放"，梦就是由人脑中各种各样的信息和记忆的片段相互组合而形成的。有研究人员认为，人之所以会做梦，就是为了不断探索这些片段的组合的意义。人们在短短的一个晚上就能做大量的梦，梦中出现的所有场景都来自海马区中的信息和大脑皮质中的记忆。而且，最近的一项研究表明，快速眼动睡眠对记忆巩固十分重要。Boyce et al.（2016）利用光遗传学技术来阻断快速眼动睡眠中海马区内的 θ 脑波，这种光触控意味着小鼠在睡着的同时海马区中有较少的快速眼动睡眠相关 θ 波，他们发现，快速眼动睡眠扰乱的小鼠存在对物体空间定位上的记忆障碍，而在睡眠的其他阶段干扰 θ 波则不会看到这种情况，表明在快速眼动睡眠过程中对某些记忆类型有着重要的意义。

当人们睡着时，浅睡眠和深睡眠会反复交替多次（一般为 4～6 次）。一旦达到了充足的睡眠时间，人们就会在浅睡眠期结束时自然地醒来。但是如果在深睡眠期被闹钟强行叫醒，那么醒来后人们的心情就会变得非常糟糕，精神也会比较恍惚，而且这种意识模糊不清的状态会持续一整天，让人非常难受。如果这样的状况发生在考试当天，那可就太糟糕了。为了能头脑清醒地度过一整天，最稳妥的办法就是让自己能在适当的时间醒过来。每个人的睡眠周期都不相同，因此把握好自己的节律非常重要。当然，平时也要注意建立并维护好正常的睡眠节律，尽量每天都在同一时间睡觉、同一时间起床。

如果不睡觉，就相当于不给海马区整理并选择信息的机会。结果也可想而知，那些因为海马区来不及整理而杂乱无章的信息最终会被全部抛弃。要想让知识记得更牢固，就必须重视睡眠。有些人每次都只在临近考试前才熬夜学习,像这样剥夺睡眠的时间是无法积累学习能力的。记忆只有长久地保存在头脑中才有意义,即使靠临阵磨枪取得了不错的成绩也只能应付一时而已。通过减少宝贵的睡眠时间来换取好成绩,这种想法从长远来看毫无意义。要想不辜负自己为学习所付出的努力,就必须制订一个既能完成学习任务又能保证睡眠时间的学习计划。

人们还可以有效利用睡眠帮助学习。有研究者探究实验参与者分别在早上和晚上学习随后的记忆表现。结果发现,晨间学习组在 12 小时后(即夜晚)进行的测试中,成绩出现了大幅度的下降。可能是因为在白天经历了很多事,所以导致早上的记忆有所减退,这也是正常的。不过在睡了一觉之后,也就是在 24 小时后进行的第 3 次测试中,该组的分数又稍微回升了一些,只是这种睡眠效果也没能发挥出太大的作用。反之,夜间学习组在接受了第 1 次测试后马上睡觉,成绩由此得到了显而易见的提升,甚至拿到了晨间学习组绝对拿不到的分数。因此,睡前的晚上记忆要比在早上记忆的效果好。因此,睡觉前的 1～2 小时是学习记忆的黄金时间。

在前文已经提到,θ 波能促使人脑产生 LTP,对记忆大有裨益。有趣的是,大脑在白天产生的 θ 波并不一定很强。θ 波强度最大的时间段,其实是在夜晚入睡之后,特别是当人们处于浅睡眠状态的时候。针对睡眠和记忆之间的关系,一项发表在《自然》期刊的研究表明,曾经有这样一个实验:让参与者先参加一次语言学方面的测试再学习相关知识,然后再次进行测试,比较前后两次测试成绩的变化。如果参与者认真学习了相关知识,那么第二次测试的成绩当然会比第一次测试时的高。不过,如果先让参与者在学习后按照平时的习惯入睡,等到第二天早上再进行测试的话,可以发现这次测试取得的成绩比在学习后直接参加测试取得的成绩还要高。

对人脑中杂乱无章的知识进行分类整理,使之转变为"可用"状态,这正是睡眠的作用之一。睡觉虽然不能增加知识的"量",但却可以改变知识的"质"。在这个实验中,正是因为人脑在参与者睡觉时将知识转变成了能被其有效利用的形式,所以才会出现"在第二天早上的测试中取得的成绩更高"这种不可思议的现象。不仅如此,发表在《自然》的研究表明睡眠还能使人灵光乍现——顿悟。如果在前一天晚上大致看了一遍题目再睡觉,那么第二天早上答题时,脑海中闪现新思路的概率就会高很多。因此,在睡觉前把题目过一遍也是一种很重要的学习技巧。不仅夜晚的睡眠具有巩固记忆的效果,午睡也同样有效,可以试着在结束上午的学习后睡一个午觉。目前研究显示午觉睡 10～20 分钟即可,而睡的过久,反而容易进如"睡眠惰性",出现暂时性的警觉性、认知能力下降的状态,相信不少人有过这样的感受:好不容易周末假期在家睡个午觉,一睡就睡了好久,醒来后非常迷糊甚至头痛不已,精神难以集中,这就是睡眠惰性的体现。

有些人本来在考试前就紧张得睡不着,现在又知道了睡眠的重要性,压力可能反而变得更大了,可能会担心自己一直睡不着会让好不容易记住的知识无法得到巩固。请大家放心,睡眠发挥作用的重点并不在于"睡着",而是在于要"停止向脑输入信息,给脑整理信息的时间"。实际上,即便人处于清醒状态也不要紧,只要安静地待着,海马区就会开始整理信息。因此,仅仅是在安静的房间里闭上眼睛放空自己,就能达到和睡觉一样的效果。不要在意自己睡不睡得着,只要让脑安静地工作就好了。有些失眠的人正因为抱有一种"睡不着也没关系"的心态,精神压力反而得到了缓解,最终竟然能自然而然地睡着了。

为了更好地帮助人们入睡以及提高睡眠质量,哈佛医学院的睡眠医学部提出了12个助眠的小技巧。

1. 避免咖啡因、尼古丁、酒精

咖啡因和尼古丁都是一种兴奋剂,可以让你保持清醒,所以在睡前4～6小时要避免摄入含咖啡因的东西(咖啡、茶、巧克力、可乐和一些止痛药)以及香烟。虽然酒精有助于睡眠,但几小时后它也会像兴奋剂一样,降低你的睡眠质量。因此每天的饮酒量最好控制在1～2杯以内,并且要避免在睡前3小时内饮酒。

2. 将卧室装扮成催眠环境

安静、黑暗和凉爽的环境有助于促进睡眠。要实现这样的环境,可以使用耳塞或"白噪声"设备降低外部噪音的音量;使用厚窗帘、遮光窗帘或眼罩来阻挡光线;保持房间的通风良好,温度最好在15～25 ℃之间,并保证床垫和枕头要舒适。

3. 睡前一小时放松一下

睡前一小时做一些放松活动,如洗个澡(体温升高然后降低会增强困意)、看书、看电视。避免压力大、刺激性强的活动。身体和心理上的压力活动会导致身体分泌荷尔蒙和皮质醇,会提高警觉性,使得你难以入睡。

4. 睡不着别一直躺着床上

努力入睡只会导致沮丧。如果 20 分钟后仍未入睡，请起床去做一些放松的事情，例如阅读或听音乐，直到你累得可以入睡为止。

5. 半夜醒来如何继续入睡

半夜醒来后如果难以入睡，可以起床做一些放松的活动，例如阅读或听音乐，并保持灯光昏暗，直到当你的眼皮下垂并准备睡觉时，再回到床上睡觉。

6. 自然光很重要

自然光有利于保持健康的生物钟。所以早上第一件事就是让光线进来，白天最好多晒太阳。

7. 调节生物钟

每天保持同一时间睡觉和起床可以调节人们的"生物钟"，这样就非常容易在该睡觉的时间段入睡。而且尽量在周末坚持你的日常生活，维持人们的生物节律。

8. 早点午睡或者不午睡

许多人在一天中经常小睡。然而，对于那些入睡困难或彻夜未眠的人来说，午睡可能是罪魁祸首之一。这是因为晚睡会减少睡眠驱动力。如果你必须小睡，最好是在下午 5 点之前小睡一会儿。

9. 别在临睡前吃晚餐

睡前几个小时就可以吃完晚餐，避免摄入那些容易引起消化不良的食物。如果你晚上饿了，可以吃一些不会打扰你睡眠的食物，比如牛奶。

10. 改变喝水习惯

晚上喝足够的水，以免醒来口渴，但也不要喝太多，也不要在睡前喝，不然你会因为需要去洗手间而醒过来。

11. 早点锻炼

锻炼可以帮助你更快入睡，睡得更香，但必须在正确的时间锻炼。运动刺激身体分泌应激激素皮质醇，有助于激活大脑中的警报机制。所以，尽量在睡前至少 3 个小时完成锻炼，或者在一天中早点锻炼。

12. 坚持到底

最后一个建议就是遵循前面 11 个技巧并加以坚持，这样你的睡眠会越来越好。其中一些建议将比其他建议更容易纳入你的日常和夜间工作中。然而，如果坚持这样做，获得宁静睡眠的机会就会提高。也就是说，并不是所有的睡眠问题都容易治疗，可能意味着存在睡眠障碍，如呼吸暂停、不宁腿综合征、嗜睡症或其他临床睡眠问题。

参 考 文 献

[1] 王丽娟,李广政.动作记忆:记忆研究的新范畴[J].心理科学进展,2014,22 (6)953-958.

[2] 赵敏芳,傅小兰,李开云,等.动作操作与怪异性对联结记忆的影响[J].心理 与行为研究,2020,18(2)145-152.

[3] 周宗泽,贺金波,郭永玉.记忆生存优势:心理机制及进化心理学解释[J].心 理研究,2013,6(2):3-8.

[4] BOYCE R,GLASGOW S D,WILLIAMS S,et al. Causal evidence for the role of REM sleep theta rhythm in contextual memory consolidation[J]. Science,2016,352(6287):812-816.

[5] HIRST W,PHELPS E A,MEKSIN R,et al. A ten-year follow-up of a study of memory for the attack of September 11, 2001: Flashbulb memories and memories for flashbulb events[J]. Journal of Experimental Psychology General,2015,144(3):604-623.

[6] KITAMURA T,OGAWA S K,ROY D S,et al. Engrams and circuits crucial for systems consolidation of a memory[J]. Science, 2017, 356 (6333):73-78.

[7] LOFTUS E F. Creating false memories[J]. Scientific American,1997,277 (3):70-75.

[8] PARKER E S, CAHILL L, MCGAUGH J L. A case of unusual autobiographical remembering[J]. Neurocase,2006,12(1):35-49.

[9] POPHAM S F,HUTH A G,BILENKO N Y,et al. Visual and linguistic semantic representations are aligned at the border of human visual cortex [J]. Nature Neuroscience,2021,24(11):1628-1636.

[10] ROEDIGER H L, MCDERMOTT K B. Creating false memories: remembering words not presented in lists[J]. Journal of Experimental Psychology:Learning,Memory,and Cognition,1995,21(4):803-814.